Schirner Verlag

ISBN 3-89767-141-7

Titel der Originalausgabe:
„Humble Table, Wise Fare – Hospitality for the Heart, Volume 1I“

Zweite Auflage 2004

Umschlag: Murat Karaçay
Satz und Redaktion: Kirsten Glück
Druck und Bindung: Legoprint S.p.A., Lavis (Italia)

Meister Hsing Yun

Buddhas Weisheitsperlen

Übersetzung aus dem Amerikanischen von Claudia Stevens

Schirner Verlag

Der Autor:

Meister Hsing Yun wurde im Alter von fünfzehn Jahren im Chi Xia Shan-Kloster in Jiangsu, China, ordiniert und verbrachte über fünfzig Jahre seines Lebens damit, den Dharma zu lehren. Er gründete das Kloster Fo Guang Shan in Taiwan sowie die Buddha's Light International Association, eine weltweit arbeitende Organisation, die sich der Verbreitung des Buddhismus widmet. Meister Hsing Yun ist der 48. Patriarch in der Linchi-Schule des Zen-Buddhismus und Autor zahlreicher Bücher sowie Essays zum Thema Buddhismus.

Das Buch:

In den vielen Jahren, die Meister Hsing Yun der Dharma lehrte, sammelten sich in seinen Aufzeichnungen Wortperlen der buddhistischen Lehre von starker Aussagekraft und philosophischer Anmut, die sich nun gesammelt in diesem Werk wiederfinden. Jeder einzelne Spruch ist von tiefem Sinn erfüllt und kann so als Motto für unseren Alltag und unseren täglichen Umgang mit Menschen dienen.

Vorwort

„Die Wurzeln des Gemüses“ ist ein chinesisches Buch, das von Hung Tz-cheng während der Ming-Dynastie (1368–1644) verfaßt wurde. Seither wurden viele Ausgaben davon gedruckt – manche wurden kostenlos verteilt. Einige enthalten hübsche Illustrationen; vor ein paar Jahren erschien eine solche mit Zeichnungen des bekannten taiwanischen Cartoonisten Tsai Chih-Chung. Mir kam zu Ohren, daß das Buch nun auch auf dem chinesischen Festland eine große Verbreitung erfährt. Die Illustrationen führen nicht nur dazu, daß es mehr Freude bereitet, das Buch zu lesen, sondern sie tragen auch dazu bei, daß die Menschen die Grundlagen des menschlichen Verhaltens besser verstehen. Die Verbreitung des Buches ist wirklich eine große Bereicherung.

Als ich jung war, las ich oft „Die Wurzeln des Gemüses" und machte mich mit dem Inhalt des Buches vertraut. Später, als ich den Dharma predigte, konnte ich frei daraus zitieren. Mit der Zeit wußte ich „Die Wurzeln des Gemüses" nicht nur aufgrund seiner Kürze, seiner Treffsicherheit, seines Taktes und seines Charmes zu schätzen, sondern auch aufgrund seines Reichtums an philosophischer und literarischer Anmut; es ist volksnah und erhaben zugleich. Seine literarische und künstlerische Bedeutung ist von solcher Tiefe und Zeitlosigkeit, daß jeder einzelne Spruch als Motto im alltäglichen Umgang mit Menschen und Ereignissen dienen kann.

Über dreißig Jahre war alles, was ich sagte und tat, dem Ziel untergeordnet, den Dharma zu predigen und den Geist der Menschen zu entwickeln. Vor kurzem wurde mir klar, daß manches von dem, was ich gesagt habe, den gleichen Stil hat wie „Die Wurzeln des Gemüses“ und daß eine Sammlung dieser Worte den jungen Menschen von heute dabei helfen könnte, ihren Körper und Geist zu entwickeln. Voller Freude über diese Möglichkeit machten sich einige meiner Fo Guang Shan-Schüler daran, meine Vorträge, Tagebucheinträge, Dharma-Gespräche und Eröffnungsreden zu sammeln – insgesamt über 2000 Sprüche. Für die Veröffentlichung von „Buddhas Weisheitsperlen“ habe ich daraus 100 ausgewählt.

Vier Hoffnungen verbinde ich mit dieser Veröffentlichung:

1. Dieses Buch hat eine Auswahl von Worten zum Inhalt, die ich zu den unterschiedlichsten Menschen gesagt habe. Gegenwärtig unterstützt unsere Gesellschaft die spirituelle Entwicklung.

Ich hoffe aufrichtig, daß die Menschen, die dieses Buch lesen, erkennen, welchen Nutzen es hat, Verdienste zu erstreben sowie Körper und Geist zu reinigen und dadurch einen Beitrag zu unserer gesellschaftlichen Entwicklung zu leisten.

2. Ich bin viel durch die Welt gereist und habe den Dharma gepredigt. Meist sind es Tausende von Menschen, die diesen Veranstaltungen beiwohnen. Obwohl ich mich darüber freue, bedaure ich es gleichzeitig, daß ich nicht mit jedem einzelnen Schüler und Freund direkt und in Ruhe sprechen kann. Ich widme ihnen dieses Buch in der Hoffnung, daß es eine Brücke zwischen unseren Herzen schlagen möge und daß es mir gelinge, auf diese Weise mein Bedauern zu verringern.

3. Im Bereich der modernen Bildung ist ein schwerwiegender Mangel an Büchern zu verzeichnen, die zum Lernen und zur Entwicklung von Körper und Geist ermutigen. Ich hoffe, daß dieses Buch bei zahlreichen Lesern Verwendung findet als Nachschlagewerk und Leitfaden für die Entwicklung des Geistes und deren Zukunft nachhaltig beeinflußt.

4. „Buddhas Weisheitsperlen" ist, wie das altehrwürdige „Die Wurzeln des Gemüses", kein üppiges Festmahl, sondern eher eine schlichte Beilage, die zu einer einfachen Mahlzeit gereicht wird. Ich hoffe, daß meine Leser darin spirituelle Stärkung, vollkommene Entspannung und Glückseligkeit finden.

Hsing Yun, Hsi Lai Temple, Los Angeles, August 1998

Pflege deine Interessen,
aber sei darin nicht besessen.
Lerne, von aufrechter Gesinnung zu sein,
aber sei nicht übertrieben streng.

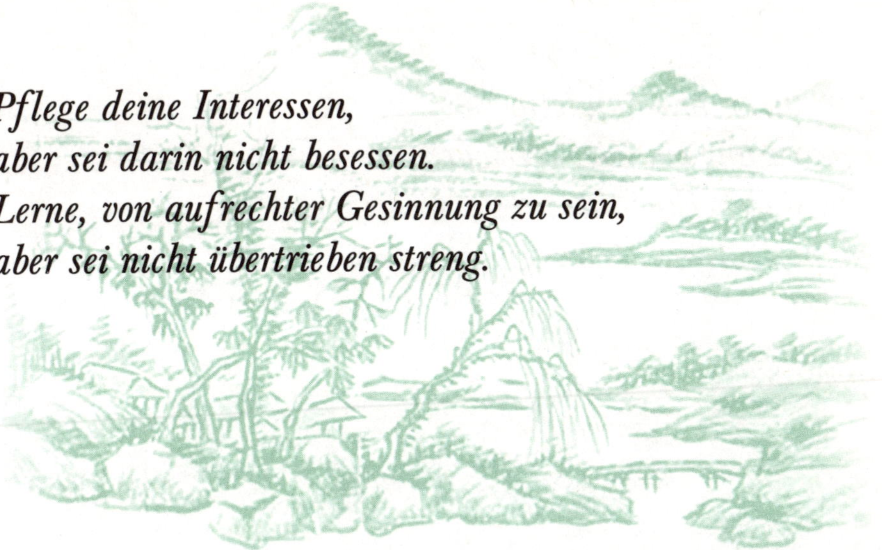

培養興趣，而不養成癖好；學習正直，而不學成古板。

Nur wenn wir handeln,
können wir ein Ziel erreichen.
Nur durch Einfühlsamkeit und Übung
können wir das Nirvana erreichen.

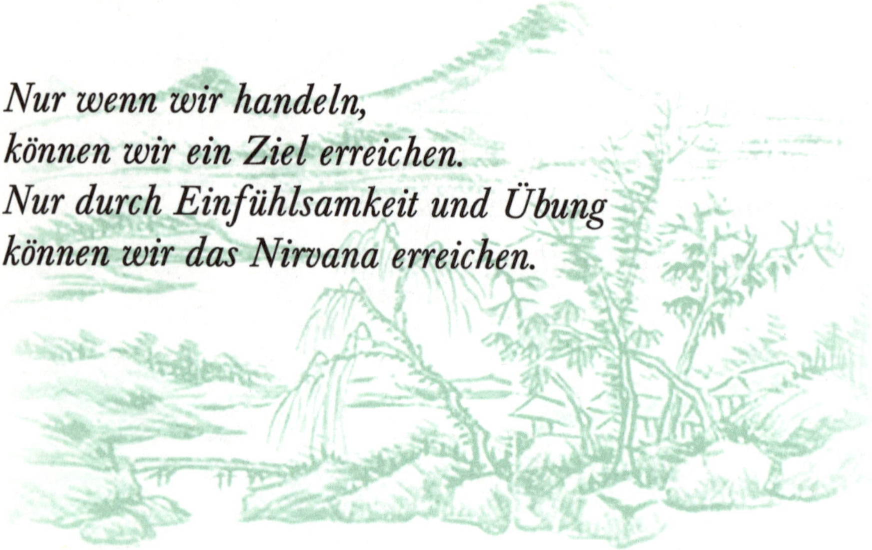

唯有付諸行動，才能達到目標；
唯有真修力行，才能航行彼岸。

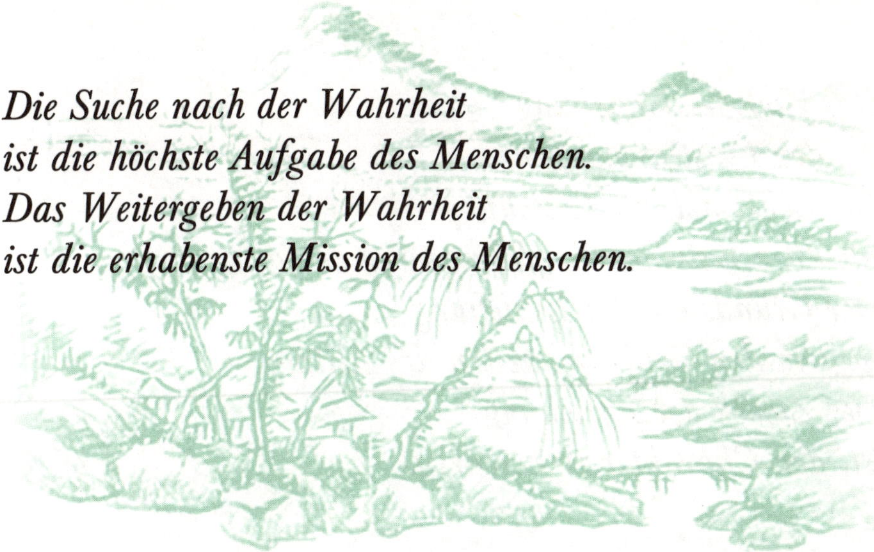

Die Suche nach der Wahrheit
ist die höchste Aufgabe des Menschen.
Das Weitergeben der Wahrheit
ist die erhabenste Mission des Menschen.

探索真理是人類最大的希望，

傳播真理是人類最高的使命。

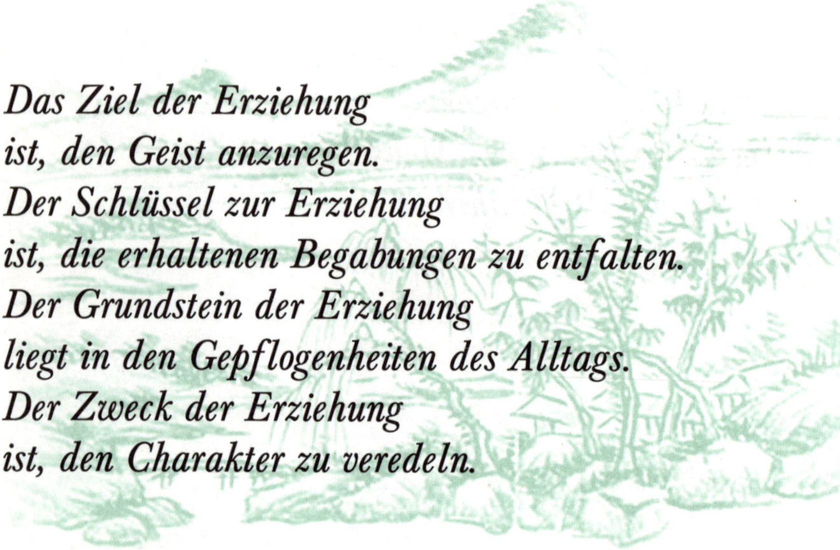

Das Ziel der Erziehung
ist, den Geist anzuregen.
Der Schlüssel zur Erziehung
ist, die erhaltenen Begabungen zu entfalten.
Der Grundstein der Erziehung
liegt in den Gepflogenheiten des Alltags.
Der Zweck der Erziehung
ist, den Charakter zu veredeln.

教育的課程在啟發心智，教育的要訣在觀機逗教，
教育的基礎在生活習慣，教育的目的在完成人格。

Wenn die Gründe nicht klar sind,
ist es schwer, etwas zu erreichen.
Wenn die Dinge nicht erkennbar sind,
ist es schwer, die Gründe darzulegen.

理不明，事難辨；事不舉，理難證。

Wissen bedeutet zu wissen,
wie man etwas in Frage stellt,
selbst wenn man es schon kennt.
Wandelndes Wissen bedeutet weiterzulernen,
selbst wenn man das Wissen durchlebt hat.

學問，學了要會問；參學，參了還要學。

Sorglosigkeit kann zwar
leicht zu Fehlern führen,
übertriebene Sorgfalt
kann jedoch alles zerstören.

粗心大意固然容易做錯事，太過細心執著也容易誤事。

Wenn wir überall achtsam sind,
erkennen wir Probleme;
wenn wir alles erforschen,
lösen wir sie.

處處留心，能夠發現問題；事事研究，能夠解決問題。

Die beste Vorgehensweise bei Verhandlungen ist,
mit dem zu beginnen, was für die andere Partei von
Vorteil ist.
Die größte Gemeinsamkeit entsteht dadurch,
daß wir anderen auf dem Weg zum Erfolg
weiterhelfen.

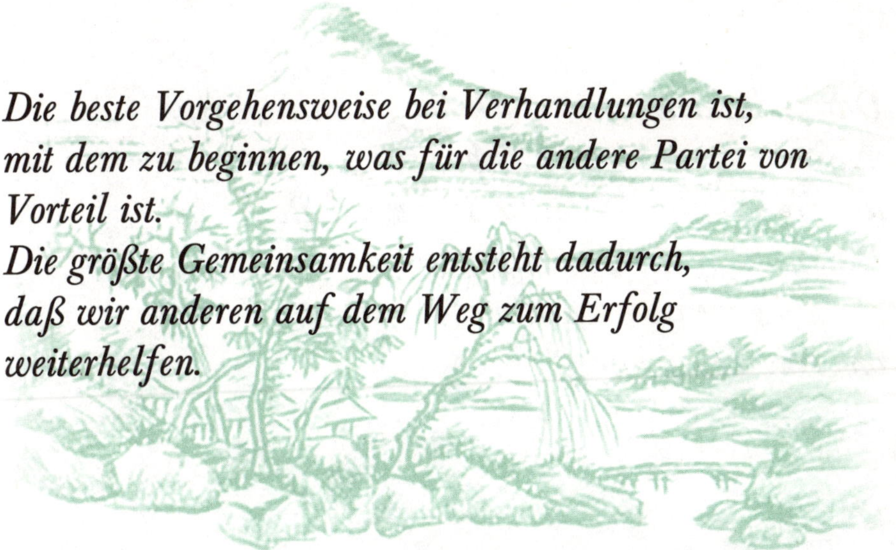

最好的談判，是從對方的利益著手；

最大的結緣，是幫助別人獲致成功。

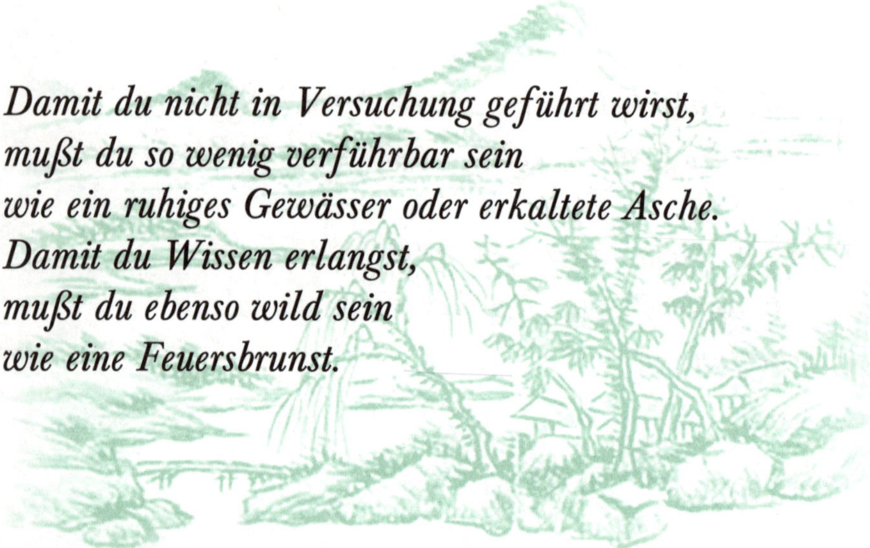

Damit du nicht in Versuchung geführt wirst,
mußt du so wenig verführbar sein
wie ein ruhiges Gewässer oder erkaltete Asche.
Damit du Wissen erlangst,
mußt du ebenso wild sein
wie eine Feuersbrunst.

對外境之誘惑，必要如止水死灰；
對學識之仰望，必要能如火如荼。

Der Weg zu einem langen Leben
führt über Persönlichkeit, Leistung und Ideenreichtum.
Der Weg zu Reichtum
führt über Glaubwürdigkeit, Verantwortung und Fleiß.

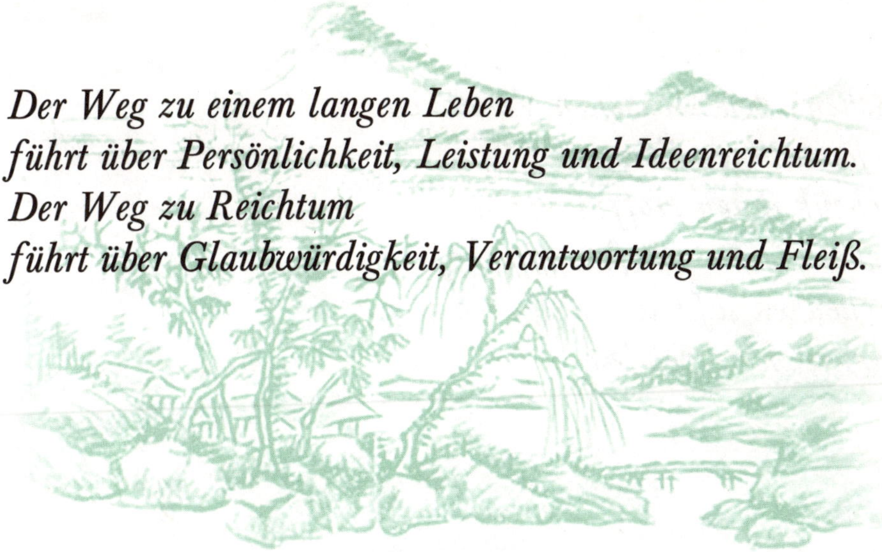

立德、立功、立言，乃長壽之道；
信用、責任、勤勞，乃發財之道。

Schenk den Menschen Vertrauen,
schenk ihnen Freude,
schenk ihnen Hoffnung,
schenk ihnen Hilfsbereitschaft –
Schenken läßt sich unbegrenzt und
sinnreich anwenden.

給人信心、給人歡喜、給人希望、

給人方便；給，有無限的妙用。

Verstehe Toleranz,
verstehe Frieden,
verstehe Bescheidenheit,
verstehe Respekt –
Verständnis offenbart unzählige,
wundersame Möglichkeiten.

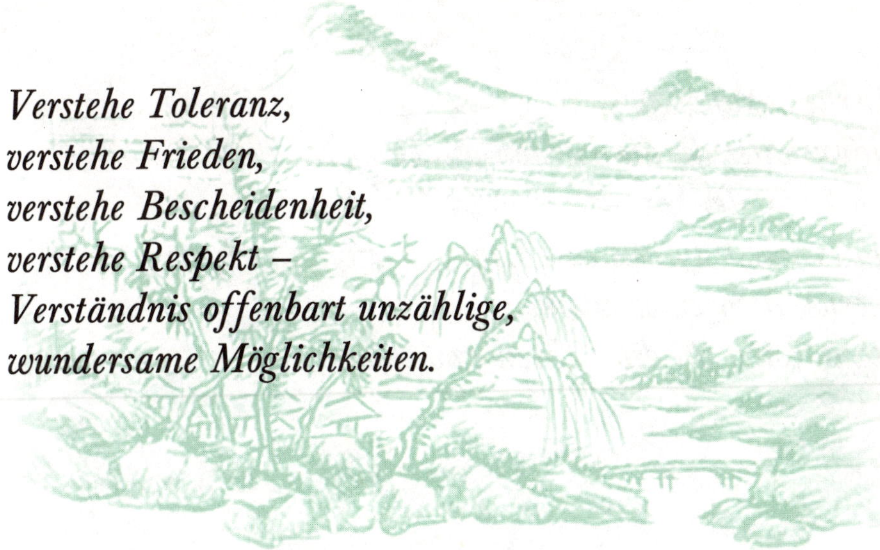

懂得包容、懂得和平、懂得謙讓、
懂得尊重；懂，有無限的妙解。

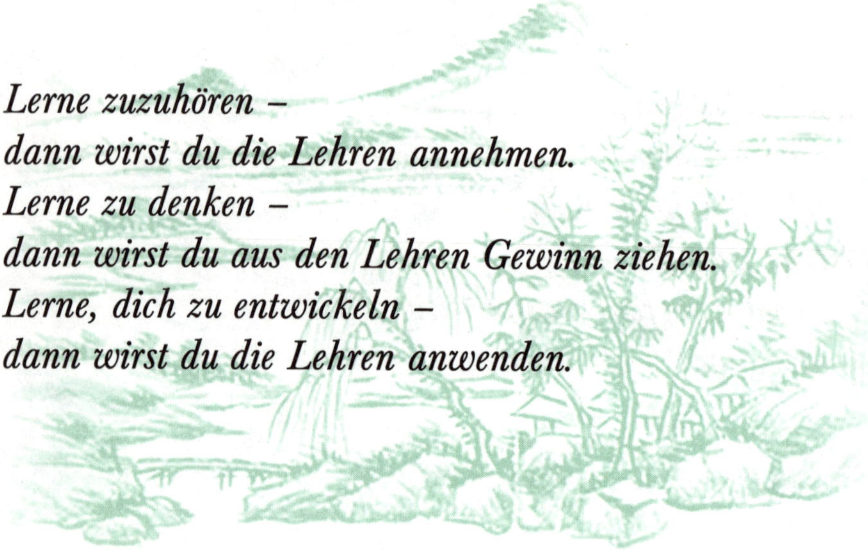

Lerne zuzuhören –
dann wirst du die Lehren annehmen.
Lerne zu denken –
dann wirst du aus den Lehren Gewinn ziehen.
Lerne, dich zu entwickeln –
dann wirst du die Lehren anwenden.

會「聞」，於道才能接受；會「思」，
於道才能受用；會「修」，於道才能奉行。

Der Weise nährt seinen Geist.
Der Dumme nährt seinen Körper.
Der Tugendhafte nährt seine Gesinnung.
Der Verschlagene nährt seine Macht.

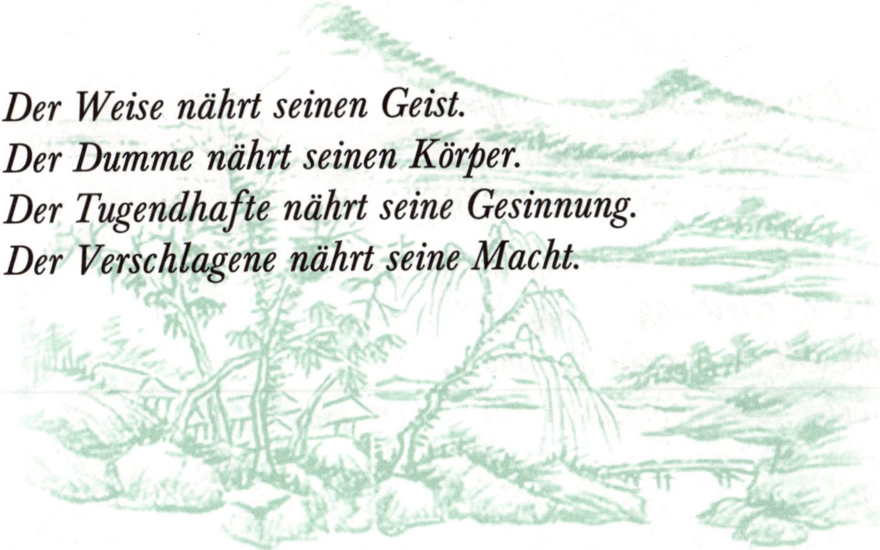

智者養神，愚者養身，君子養德，小人養威。

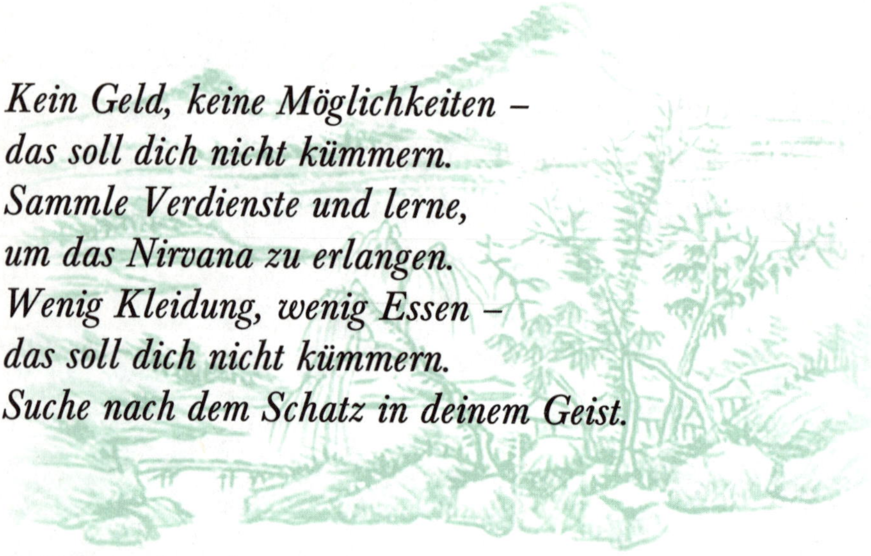

Kein Geld, keine Möglichkeiten –
das soll dich nicht kümmern.
Sammle Verdienste und lerne,
um das Nirvana zu erlangen.
Wenig Kleidung, wenig Essen –
das soll dich nicht kümmern.
Suche nach dem Schatz in deinem Geist.

無錢無緣由他去，只修福慧作慈航
少衣少食不計較，只求心內有寶藏。

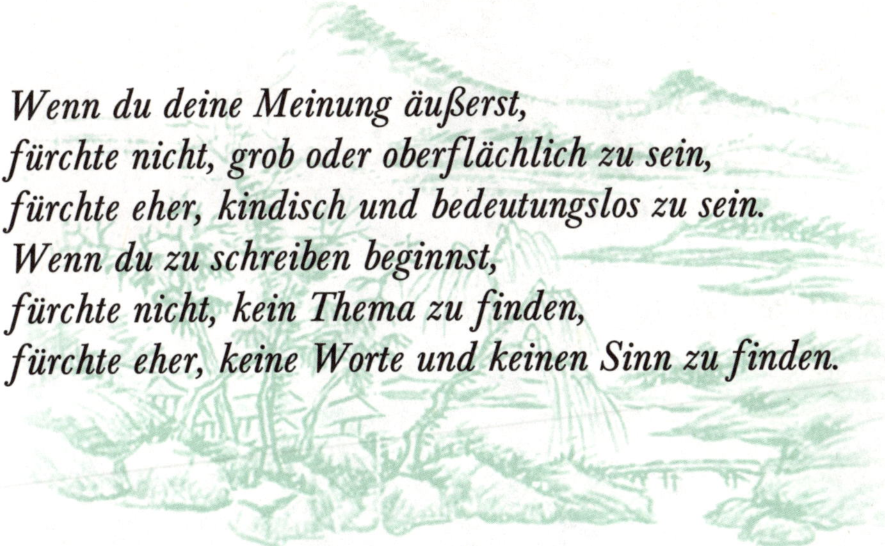

Wenn du deine Meinung äußerst,
fürchte nicht, grob oder oberflächlich zu sein,
fürchte eher, kindisch und bedeutungslos zu sein.
Wenn du zu schreiben beginnst,
fürchte nicht, kein Thema zu finden,
fürchte eher, keine Worte und keinen Sinn zu finden.

發言不懼粗淺，只懼幼稚無義；
下筆不愁無文，只愁辭窮無物。

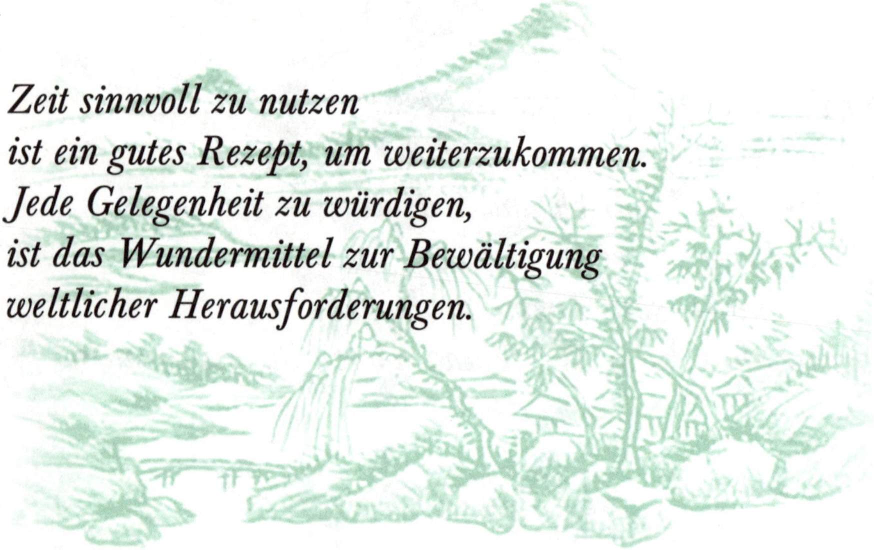

Zeit sinnvoll zu nutzen
ist ein gutes Rezept, um weiterzukommen.
Jede Gelegenheit zu würdigen,
ist das Wundermittel zur Bewältigung
weltlicher Herausforderungen.

善用瑣碎的時間，是進步的良方；
珍惜點滴的因緣，是處世的妙藥。

Verbrauche nicht dein Ansehen,
sonst zerbrichst du.
Verbrauche nicht dein Glück und deine Verdienste,
sonst verfällst du.

勢力不可使盡，勢盡則傾；福德不可享盡，福盡則衰。

Leidenschaft währt nur einen Augenblick,
wahre Leidenschaft währt ein Leben lang.
Freude erfüllt uns einen Augenblick lang,
wahre Freude erfüllt uns unser ganzes Leben lang.

感動是一時的，真正的感動是一生的。
受用是一時的，真正的受用是一生的。

Wortlos,
nur mit dem Herzen zu verstehen,
das ist die höchste Form der Verständigung.
Absichtslos,
aber in vollkommenem Verständnis,
das ist die höchste Form des Handelns.

無言、心心相應，是談話的最高藝術；
無相、事事默契，是做事的最高境界。

Bücher lesen zu können, ist gut,
aber Menschen lesen zu können,
ist besser.
Menschen lesen zu können, ist gut,
aber Menschen zu verstehen,
ist besser.

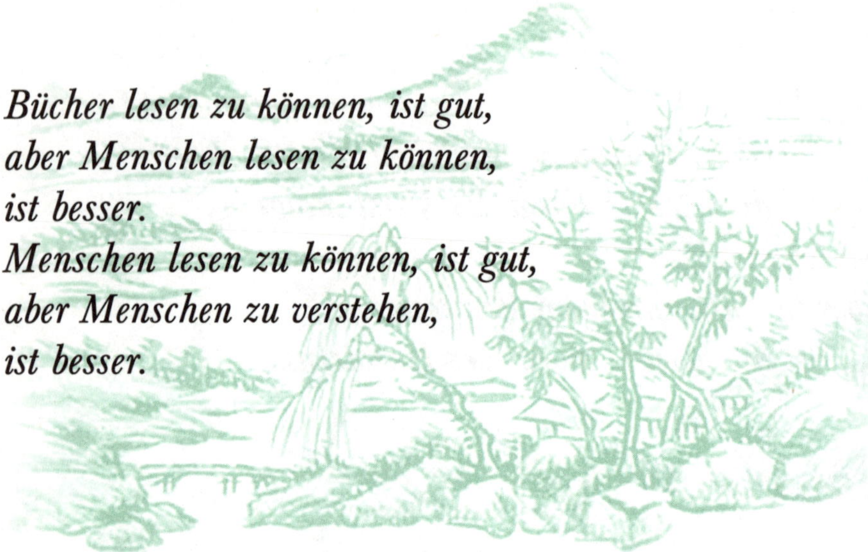

會讀書不如會讀人，會讀人不如會識人，

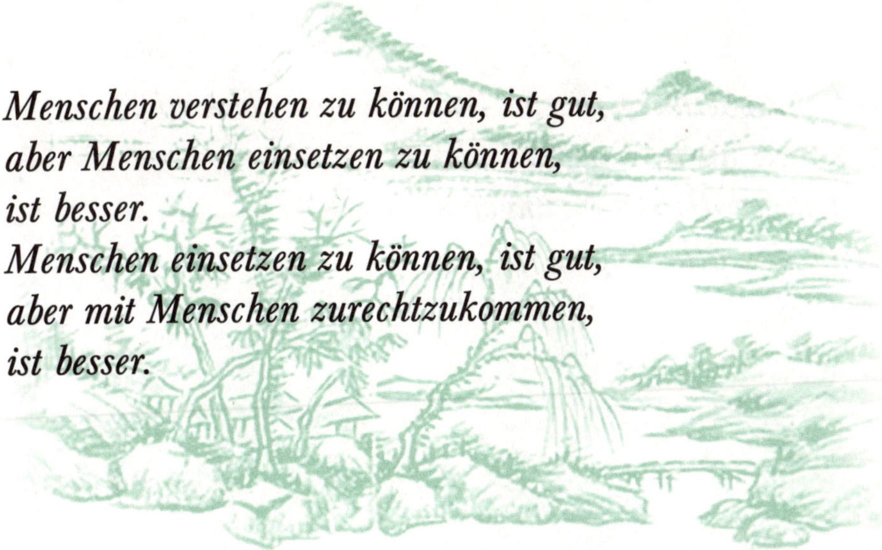

Menschen verstehen zu können, ist gut,
aber Menschen einsetzen zu können,
ist besser.
Menschen einsetzen zu können, ist gut,
aber mit Menschen zurechtzukommen,
ist besser.

會識人不如會用人，會用人不如會做人。

Jede Erscheinung ist von Bedingungen abhängig.
Versuche nicht, Dinge zu erzwingen.
Nur wenn die Bedingungen stimmen,
kann sich alles fügen.

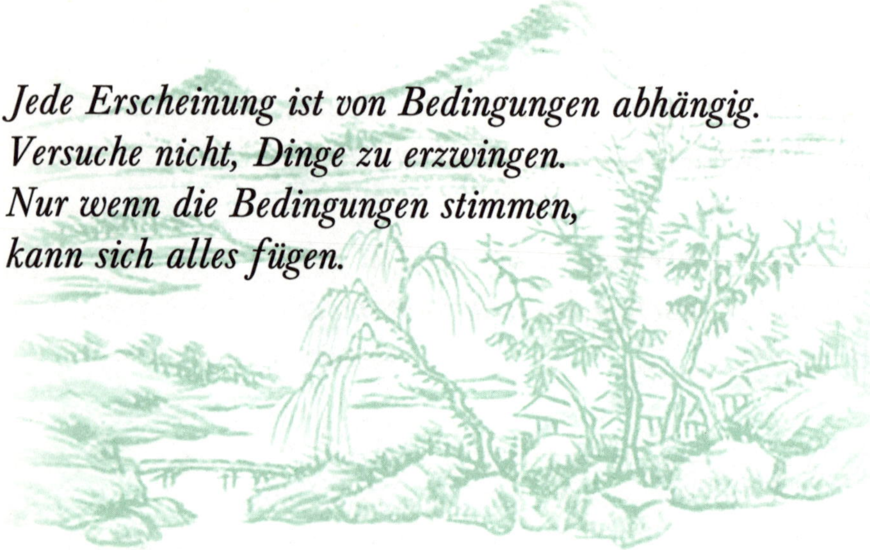

萬法相互緣起，世事不必強求；
只要因緣具足，自能水到渠成。

Erfahrung
kann Menschen klug machen.
Verluste
können Menschen Achtsamkeit lehren.

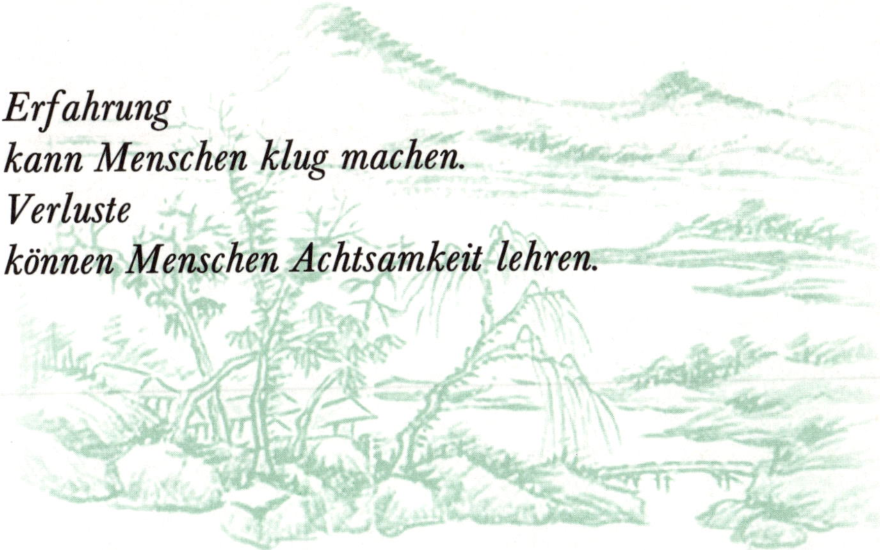

經驗能教人聰明，吃虧能教人謹慎。

Wo Gerechtigkeit gefragt ist,
laß dich nicht bitten.
Wo Gewinn erwartet wird,
dräng dich nicht vor.

義之所在，不落人後；利之所在，不居人前。

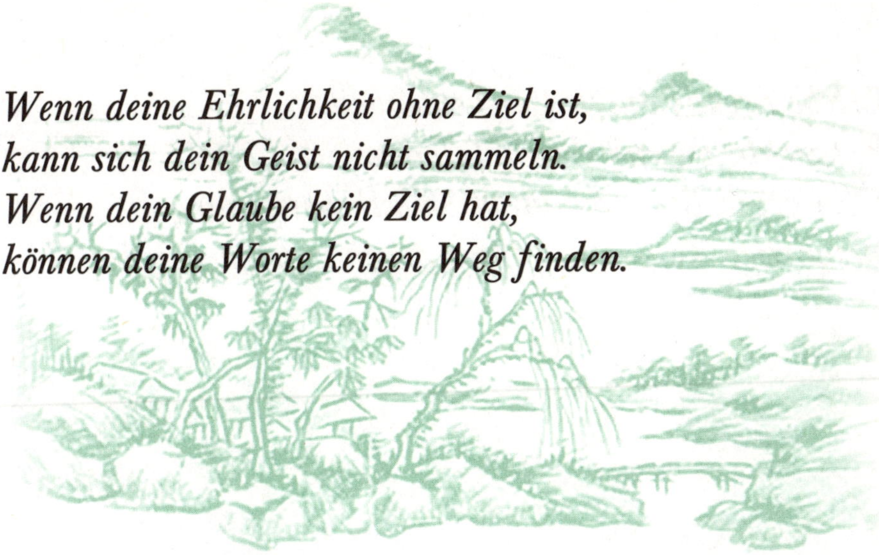

Wenn deine Ehrlichkeit ohne Ziel ist,
kann sich dein Geist nicht sammeln.
Wenn dein Glaube kein Ziel hat,
können deine Worte keinen Weg finden.

誠不一，則心不能專；信不一，則言不能行。

Erlebe Freude durch Bescheidenheit.
Entwickle Tugend durch Toleranz.
Überwinde Begierde durch Selbstbeherrschung.
Besänftige Körper und Geist durch inneren Frieden.

從謙虛中體驗樂趣，從忍辱中培養美德，
從自制中克服物欲，從寧靜中安頓身心。

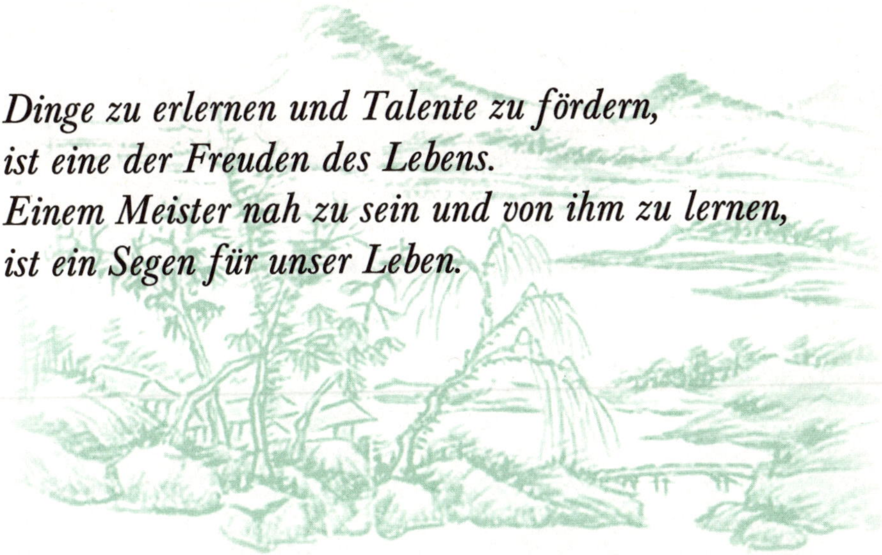

Dinge zu erlernen und Talente zu fördern,
ist eine der Freuden des Lebens.
Einem Meister nah zu sein und von ihm zu lernen,
ist ein Segen für unser Leben.

聚天下之英才而教育之，乃人生之樂事也；
；得親近一明師而學習之，乃人生之福報也。

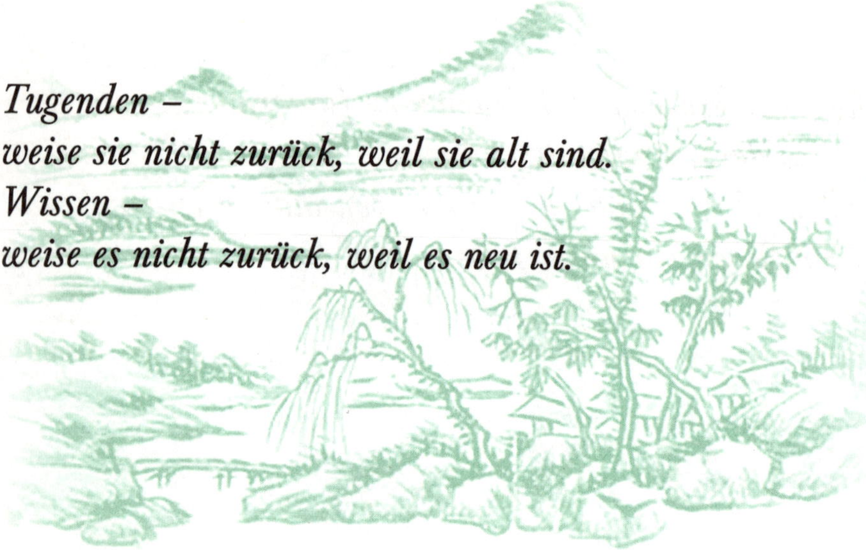

Tugenden –
weise sie nicht zurück, weil sie alt sind.
Wissen –
weise es nicht zurück, weil es neu ist.

道德不厭其舊，知識不厭其新。

Träume
öffnen das Tor zum Idealismus.
Idealismus
ebnet den Weg zum Erfolg.

夢想打開理想之門，理想開闢成功之路。

Freude gegründet auf Zufriedenheit
ist grenzenlos.
Leid aufgrund von Gier
ist endlos.

滿足之樂樂無彊，多欲之苦苦難了。

Wer verdächtigt,
macht sich verdächtig.
Wer vernachlässigt,
wird vernachlässigt.

疑於人者，人亦疑之；忘於物者，物亦忘之。

Ein Staubkorn ist nicht wirklich winzig.
Der Kosmos ist nicht wirklich riesig.
Das Geringe ist nicht wirklich unbedeutend.
Das Überragende ist nicht wirklich überwältigend.

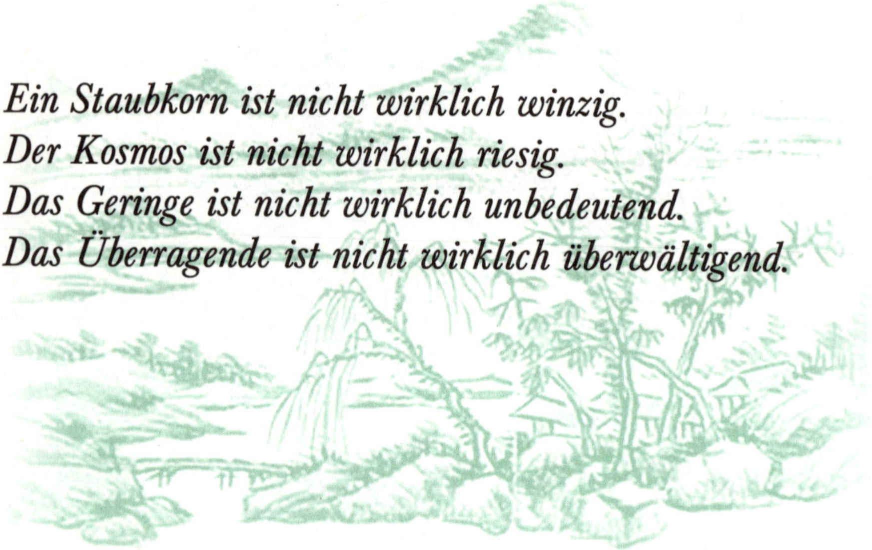

微塵不算小，虛空不算大；一個不算少，萬億不算多。

Glück ist lediglich
die Abwesenheit von Leid.
Leid ist lediglich
ein Übermaß an Begierde.
Reichtum ist lediglich
Zufriedenheit.
Armut ist lediglich
Gier.

樂莫大於無憂，苦莫大於多欲，
富莫大於知足，貧莫大於貪婪。

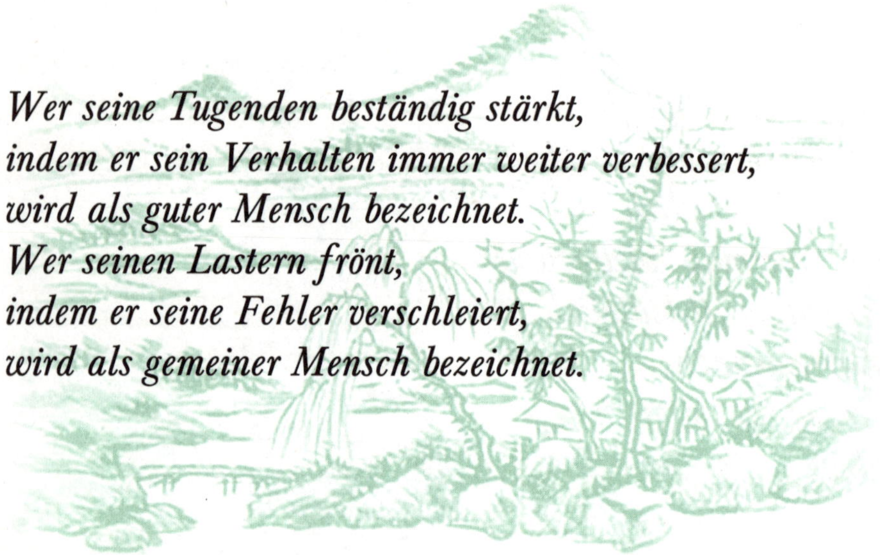

Wer seine Tugenden beständig stärkt,
indem er sein Verhalten immer weiter verbessert,
wird als guter Mensch bezeichnet.
Wer seinen Lastern frönt,
indem er seine Fehler verschleiert,
wird als gemeiner Mensch bezeichnet.

遷善則其德日新，是稱君子；
飾過則其惡彌著，斯謂小人。

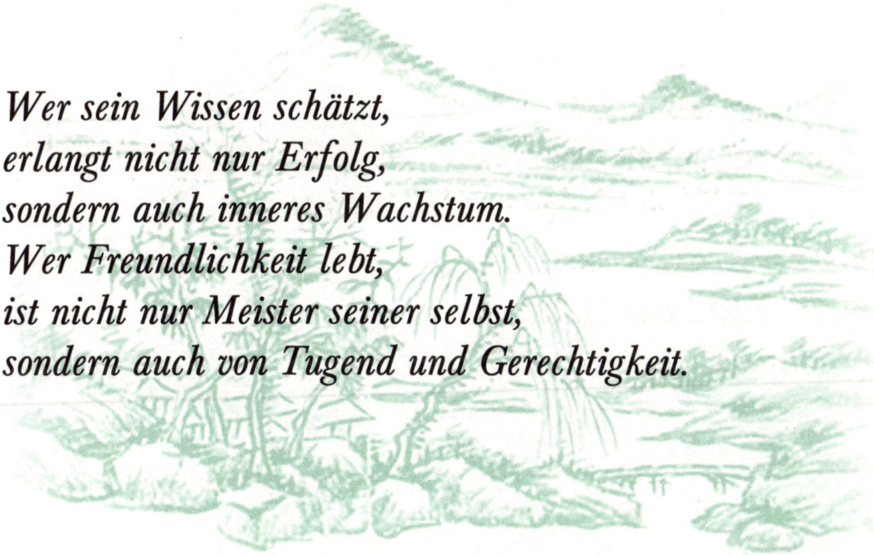

Wer sein Wissen schätzt,
erlangt nicht nur Erfolg,
sondern auch inneres Wachstum.
Wer Freundlichkeit lebt,
ist nicht nur Meister seiner selbst,
sondern auch von Tugend und Gerechtigkeit.

樂智者，經營利益，更經營文化；
求仁者，經營自我，更經營道義。

Wer Rituale schätzt,
erlangt nicht nur Reichtum,
sondern lebt auch in guter Gesellschaft.
Wer die Lehren bewundert,
erfährt nicht nur Glück,
sondern auch innere Glückseligkeit.

好禮者，經營財富，更經營善友；
慕道者，經營快樂，更經營法喜。

Wenn wir lernen und das Gelernte anwenden,
dann lernen wir wirklich.
Wenn wir wissen und das Wissen anwenden,
dann wissen wir wahrhaftig.
Wahres Lernen und wahres Wissen,
das ist Weisheit.

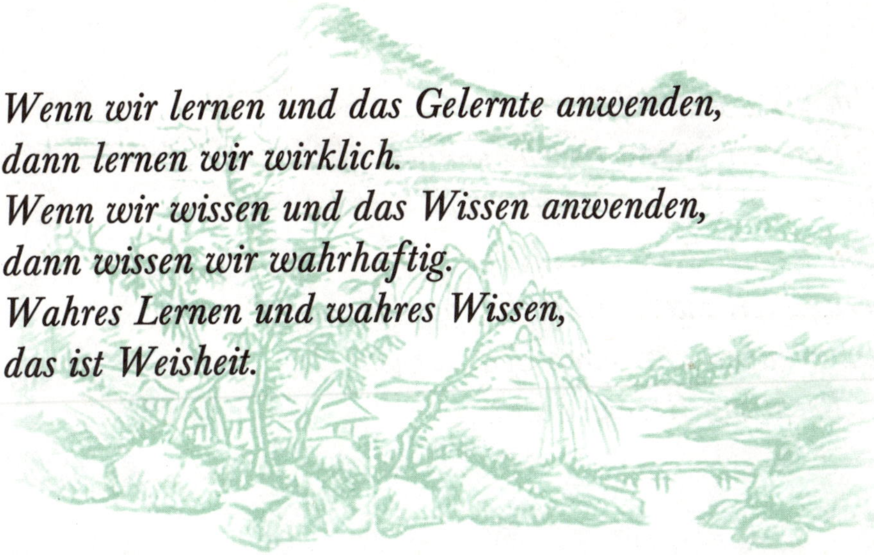

學而能用，是真學；知而能行，
是真知；真學真知，是智慧。

Um Ch'an zu erfahren,
sollten wir zuerst Bescheidenheit üben,
dann lebt Ch'an in unserem Geist.
Um Reinheit zu entfalten,
sollten wir zuerst Respekt entwickeln,
dann haben wir einen Schritt gemacht
in Richtung Reines Land.

學「禪」，先要學慚愧，自知慚愧才有禪心；
修「淨」，首須修恭敬，能恭敬人才能淨土。

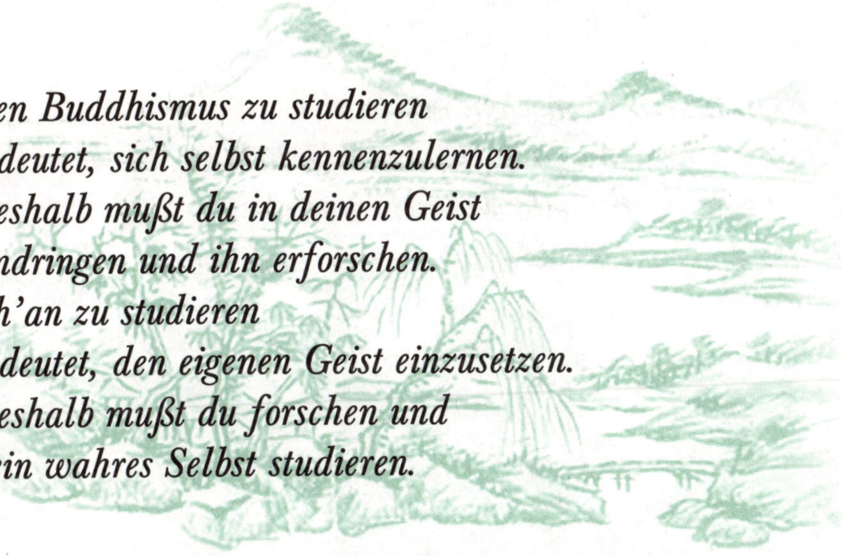

Den Buddhismus zu studieren
bedeutet, sich selbst kennenzulernen.
Deshalb mußt du in deinen Geist
eindringen und ihn erforschen.
Ch'an zu studieren
bedeutet, den eigenen Geist einzusetzen.
Deshalb mußt du forschen und
dein wahres Selbst studieren.

學佛，主要是學自己，所以要向自己本心尋問；
學禪，主要是參自心，所以要向本來面目探究。

Wissen macht Menschen bescheiden.
Unwissenheit macht Menschen überheblich.
Bescheidenheit macht Menschen edel.
Einbildung macht Menschen oberflächlich.

學問使人謙虛，無知使人驕傲；
虛心使人高貴，自負使人膚淺。

Wissen
erlangen wir durch Erfahrung.
Talent
zeigt sich bei Gelegenheit.

學問是從經驗中獲得，才華是從事實中表現。

Beim Lernen
sollst du den Heiligen und Weisen nachfolgen.
Beim Vergleichen
sollst du die Heiligen und Weisen als Maßstab nehmen.

學習，應向聖賢看齊；比較，當以聖賢為準。

Schon wenn wir uns dem Buddhismus
nur ein wenig öffnen,
werden wir uns ernsthaft bemühen,
unsere Tugenden zu entfalten
und eine ethische Gesinnung zu entwickeln.
Schon wenn wir das Universum
nur ein wenig verstehen,
machen wir große Fortschritte
und verbessern uns immer mehr.

擁有一些佛緣，才會精進不懈，成就道業；
擁有一些天地，才會百尺竿頭，更進一步；

Mit etwas Zurückhaltung
führen wir ein einfaches,
behagliches Leben.
Mit etwas Tugend
erfüllen sich unsere Bedürfnisse,
und alles, was wir brauchen, fällt uns zu.

擁有一些修行，才會隨喜自在，不受拘束；
擁有一些功德，才會隨意所需，隨意所取。

Es ist gut, ein Führer zu sein,
denn dann können wir die Gemeinschaft führen.
In der zweiten Reihe zu stehen, ist auch wunderbar,
denn dann können wir andere ergänzen und
unterstützen.
Ein Führer sollte für die Schwachen sorgen;
diejenigen, die ihm folgen, sollten ihn respektieren.

擔當「老大」，能夠領導群倫，固然很好；
作個「老二」，配合成就他人，也很偉大。
老大要能愛護弱小，老二要能尊重前輩。

Ein Baum wächst nur zu voller Größe,
wenn er der Sonne und dem Regen ausgesetzt ist.
Ein Charakter erlangt nur dann Vollkommenheit,
wenn er durch Leid und Mühsal
geschliffen wurde.

樹木不經日曬雨淋長不高，人格未經千錘百鍊不健全。

Wenn wir verstehen, daß es kein Selbst gibt,
lassen wir los,
bilden eine Einheit mit allem anderen
und erweitern uns unsagbar.

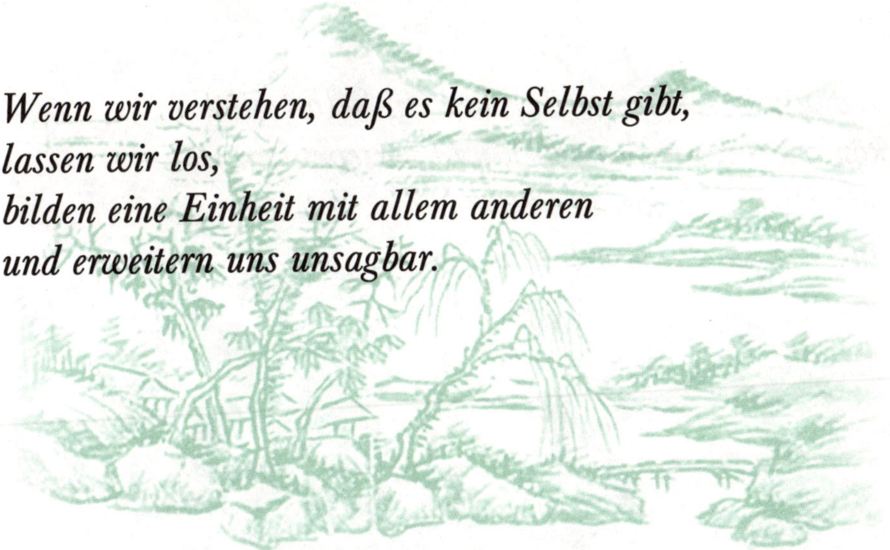

懂得「無我」，能夠放下小我，
融入大我，方能擁有更多；

Wenn wir erfahren, daß es kein Selbst gibt,
können wir uns hingeben und verschenken,
mit allen Lebewesen teilen
und uns in allem erleben.

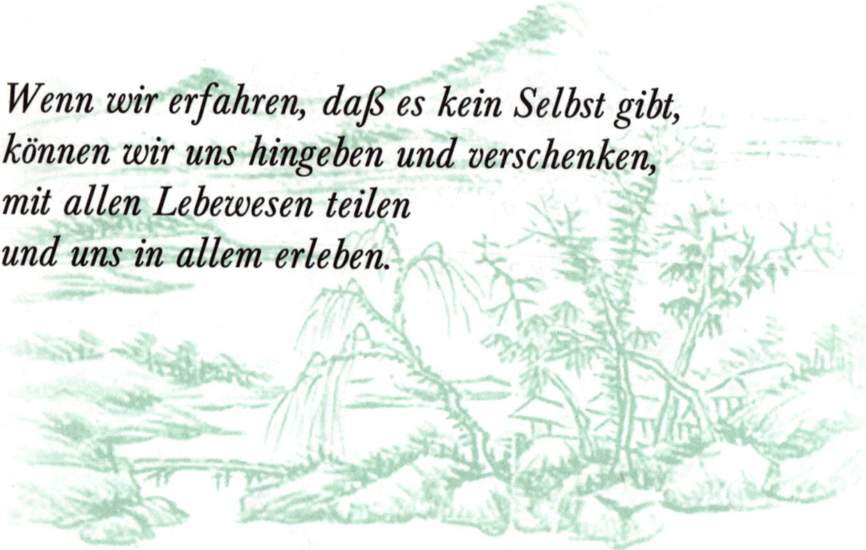

體悟「無我」，懂得布施喜捨，
分享眾生，就能處處有我。

Mit den anderen – lebe in Frieden.
Mit dem Geld – gehe achtsam um.
Mit Kleidung und Essen – sei sparsam.
Körper und Geist – lasse Reinigung und Erhabenheit angedeihen.
Mit der Natur – sei eins in gegenseitiger Achtung.

我與大眾要融和共處，我與金錢要能知善用，
我與衣食要惜福不奢，我與身心要淨化莊嚴
我與自然要同體共尊。

Der Weise, der die Vergänglichkeit kennt,
weiß seine Zeit zu nutzen.
Der Heilige, der die Grenzenlosigkeit kennt,
weiß den Raum zu nutzen.

懂得利用時間的人，便是懂得永恆的智者；
懂得利用空間的人，便是懂得無邊的聖者。

Medizin ist weder gut noch schlecht;
wenn sie heilt, ist sie gut.
Dharma ist weder über- noch unterlegen;
wenn er sich anwenden läßt, ist er überlegen.

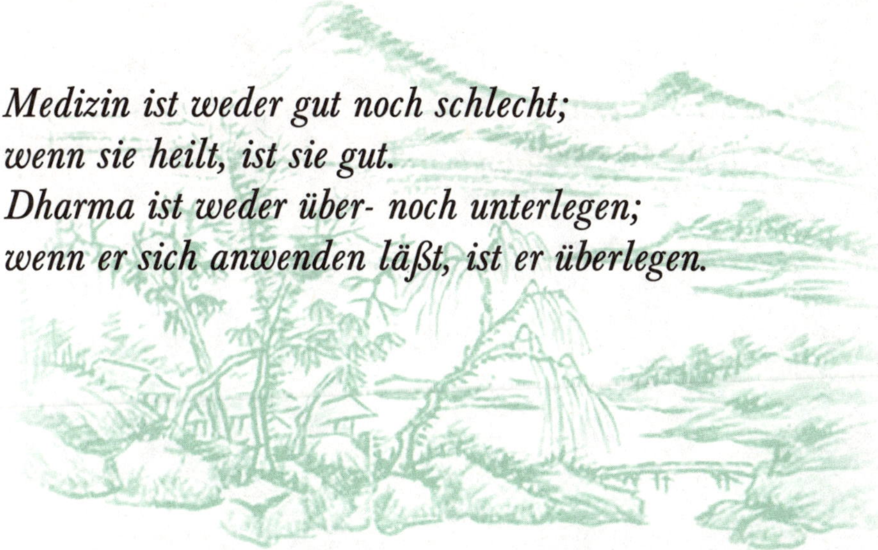

藥無好歹，癒病者良；法無勝劣，相應者勝。

Der Zweck des Lernens
ist, Verständnis zu erlangen.
Der Zweck der Erziehung
ist, mit anderen in Frieden zu leben.

讀書的目的，在於明理；教育的目的，在於做人。

Umkehr entspringt aus Entschlußkraft.
Erneuerung entspringt aus Konzentration.
Erziehung entspringt aus Mitgefühl.
Hilfsbereitschaft entspringt aus Selbstlosigkeit.

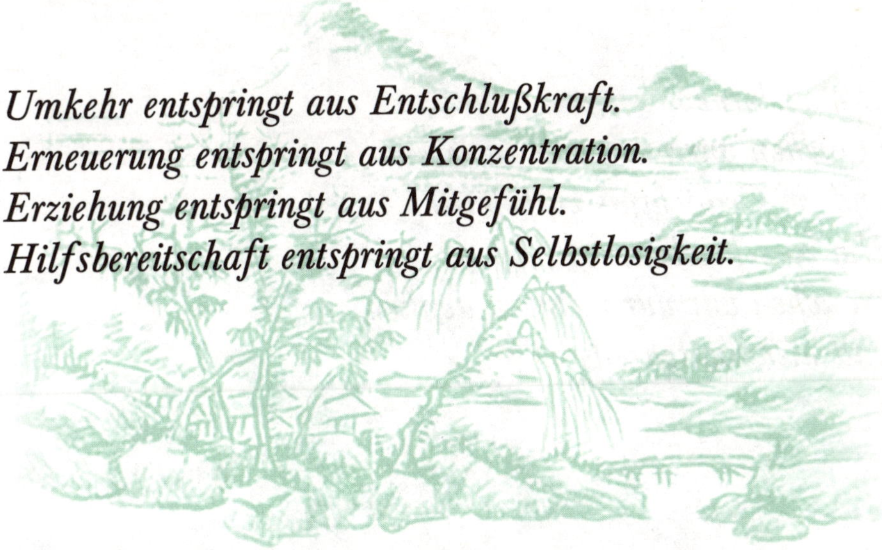

改革來自決心，創造來自用心，
教育來自愛心，服務來自發心。

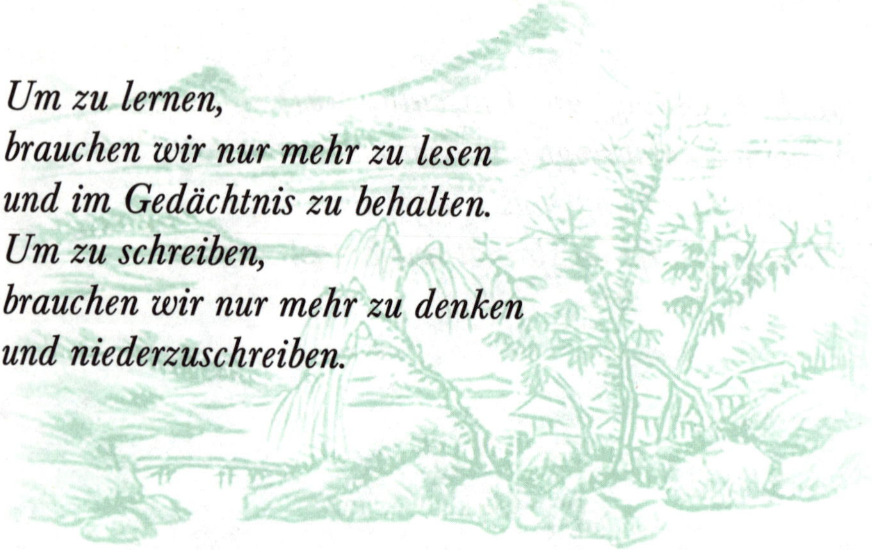

Um zu lernen,
brauchen wir nur mehr zu lesen
und im Gedächtnis zu behalten.
Um zu schreiben,
brauchen wir nur mehr zu denken
und niederzuschreiben.

讀書的竅門無他，多讀、多記而已；
寫作的門路無他，多思、多寫而已。

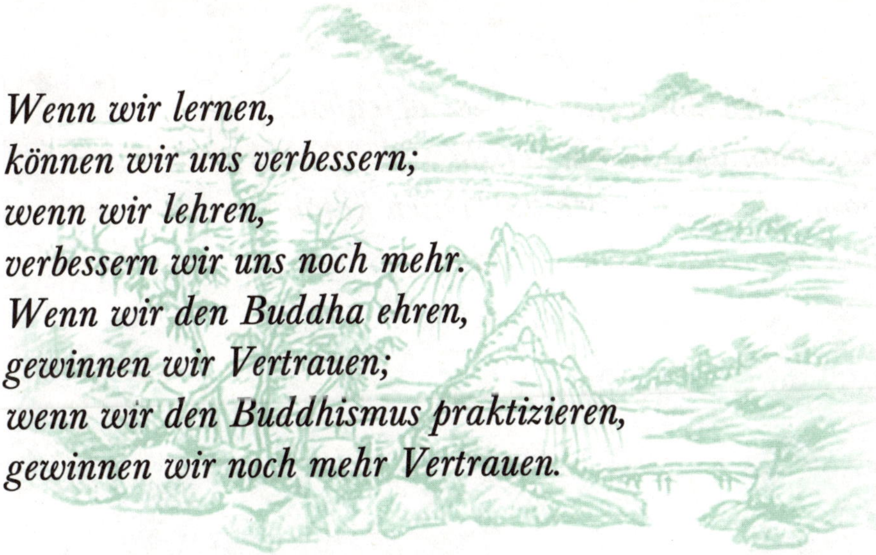

Wenn wir lernen,
können wir uns verbessern;
wenn wir lehren,
verbessern wir uns noch mehr.
Wenn wir den Buddha ehren,
gewinnen wir Vertrauen;
wenn wir den Buddhismus praktizieren,
gewinnen wir noch mehr Vertrauen.

讀書能進步，教書更能進步；
拜佛有信心，行佛更有信心。

Damit sich das Wahrhaftige offenbart,
muß man den Schein zerstören.
Damit das Reine sich ausbreiten kann,
muß man zuerst das Unreine zerstören.

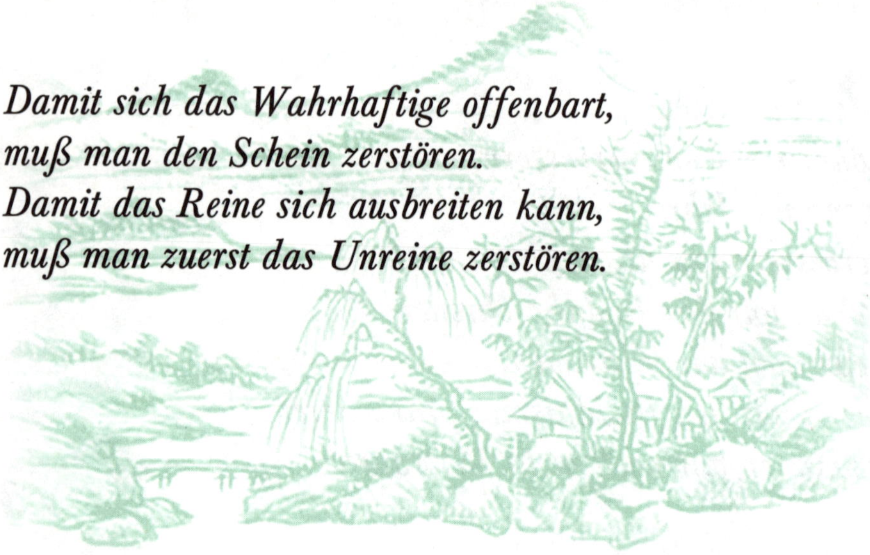

顯正首要破邪，揚清必先激濁。

Wenn wir den Schatten eines Baumes beobachten,
können wir seine Höhe ermessen.
Wenn wir die Handlungen eines Menschen erforschen,
können wir seine Gesinnung erkennen.

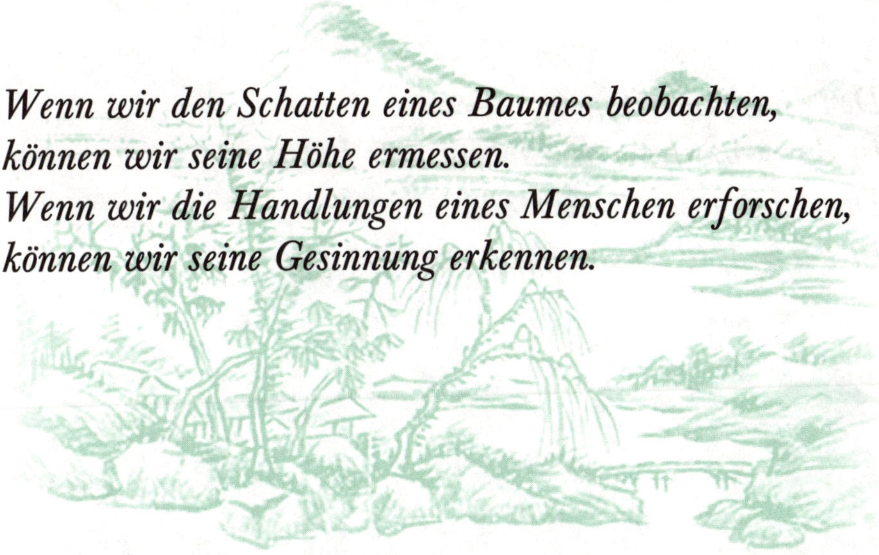

觀樹之陰影而知其高大，觀人之存心而知其德行。

Den Geist zu reinigen,
ist das grundlegende Ziel unserer Erziehung.
Den Charakter zu formen,
ist der größte Gewinn aus unserem Lernen.

淨化人心，是教育的根本目標；

變化氣質，是讀書的最大受用。

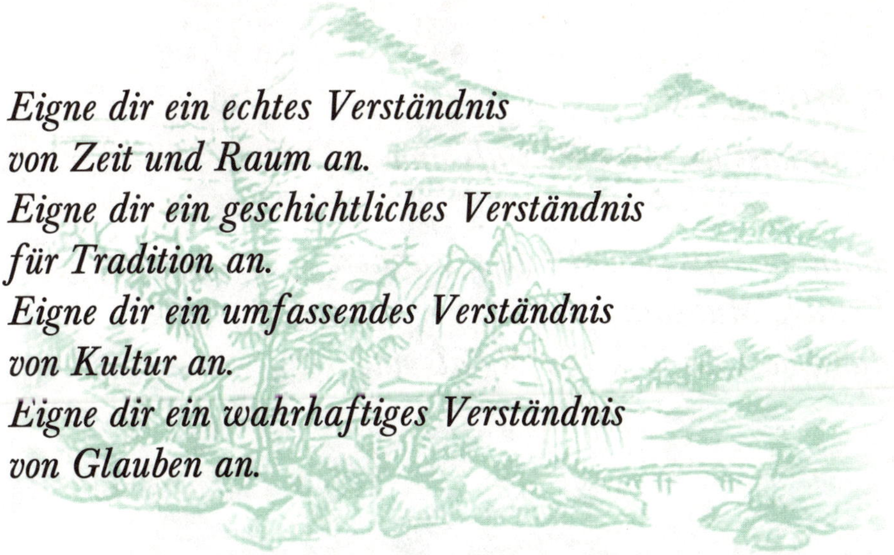

Eigne dir ein echtes Verständnis
von Zeit und Raum an.
Eigne dir ein geschichtliches Verständnis
für Tradition an.
Eigne dir ein umfassendes Verständnis
von Kultur an.
Eigne dir ein wahrhaftiges Verständnis
von Glauben an.

要有時空觀念的真實認知，要有傳統觀念的歷史認知，
要有文化觀念的普遍認知，要有信仰觀念的真理認知。

Sei fleißig,
dann hast du mehr Zeit als andere.
Sei beweglich,
dann hast du mehr Platz als andere.
Ertrage Mühsal,
dann hast du mehr Erfolg als andere.

能勤，時間自然比他人多；肯動，
空間自然比他人廣；耐苦，成功自然比他人大。

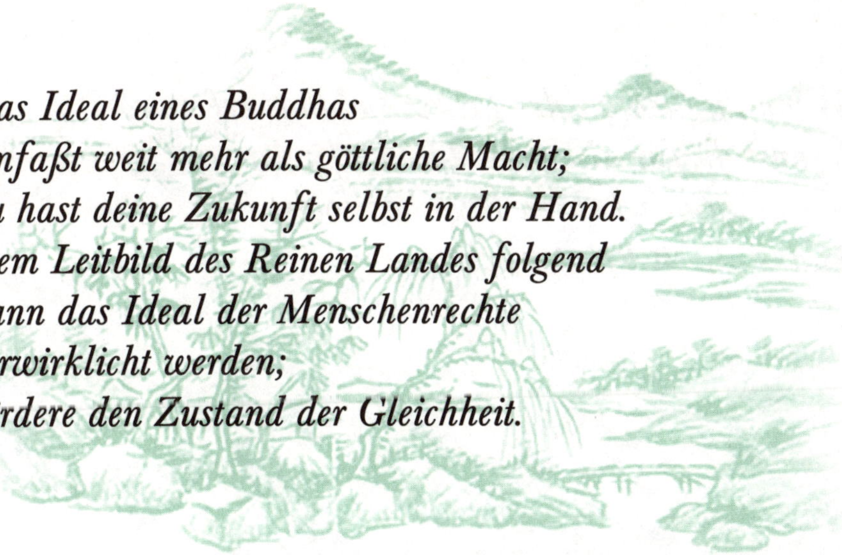

Das Ideal eines Buddhas
umfaßt weit mehr als göttliche Macht;
du hast deine Zukunft selbst in der Hand.
Dem Leitbild des Reinen Landes folgend
kann das Ideal der Menschenrechte
verwirklicht werden;
fördere den Zustand der Gleichheit.

佛陀的主張是超越神權的控制，掌握自我的命運；
淨土的理念能達到生權的理想，建立平等的國度。

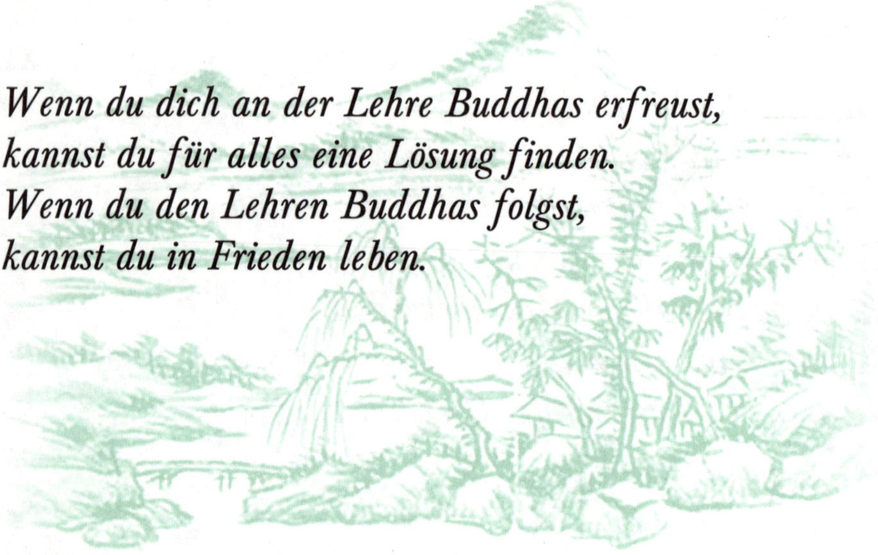

Wenn du dich an der Lehre Buddhas erfreust,
kannst du für alles eine Lösung finden.
Wenn du den Lehren Buddhas folgst,
kannst du in Frieden leben.

若能受用佛法，才能解決事情；
若能依止佛法，才能自在生活。

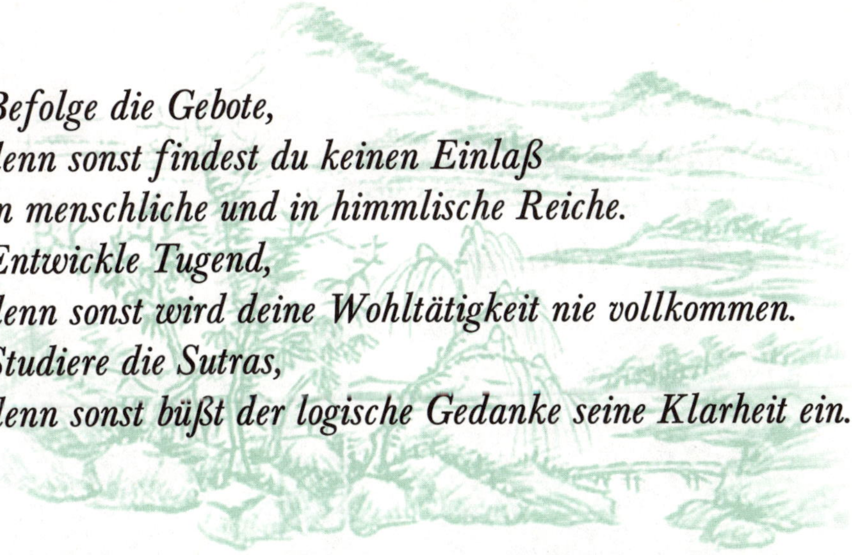

Befolge die Gebote,
denn sonst findest du keinen Einlaß
in menschliche und in himmlische Reiche.
Entwickle Tugend,
denn sonst wird deine Wohltätigkeit nie vollkommen.
Studiere die Sutras,
denn sonst büßt der logische Gedanke seine Klarheit ein.

戒不可不持，戒不持則人天路絕；行不可不修，
行不修則功德不圓；經不可不讀，經不讀則理路不明。

Meditiere,
sonst verunreinigt dein Geist.
Verstehe die Lehren,
sonst stößt du auf Hindernisse.

禪不可不參，禪不參則心地不透；
道不可不悟，道不悟則觸目成滯。

Ein wahres Wort ist unbezahlbar;
es ist tausendmal wertvoller
als Gold und Silber.
Die menschliche Tugend ist unbezahlbar;
sie ragt tausendmal höher auf
als der höchste Berg.

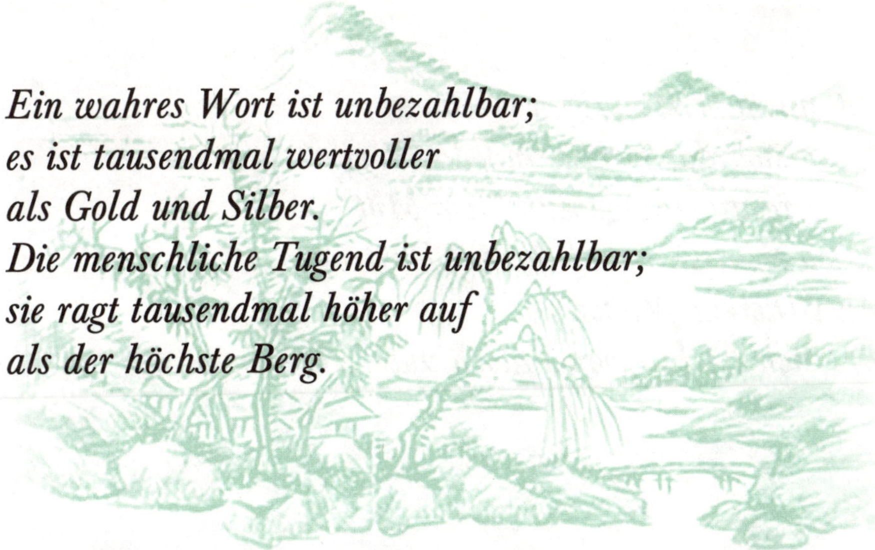

一句真理無價寶，比金比銀萬倍好；
人間道德無價寶，比山比嶽萬倍高。

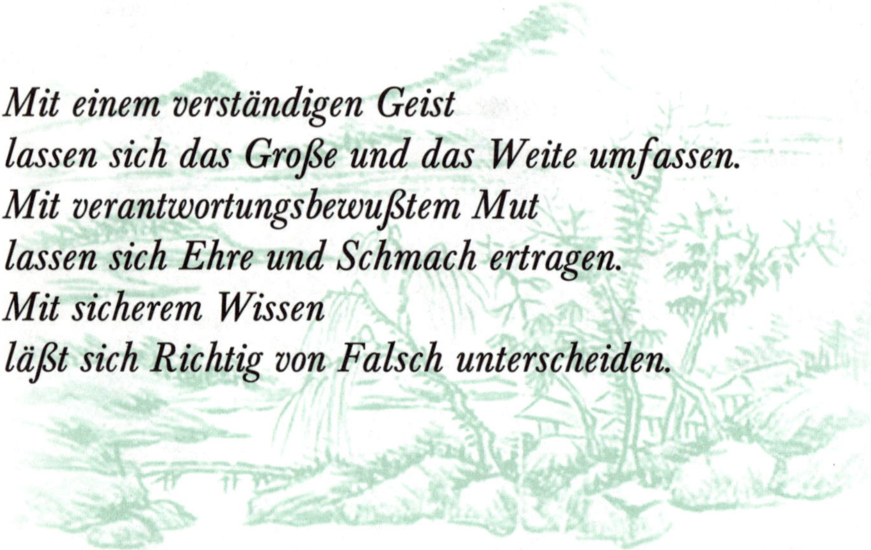

Mit einem verständigen Geist
lassen sich das Große und das Weite umfassen.
Mit verantwortungsbewußtem Mut
lassen sich Ehre und Schmach ertragen.
Mit sicherem Wissen
läßt sich Richtig von Falsch unterscheiden.

包容的心胸，要包容大與多；承擔的勇氣，
要承擔榮與辱；決斷的智慧，要決斷是與非。

Ein warmes Herz
bringt unendliches Verdienst.
Ein reines Herz
ist eine unschätzbare Tugend.
Ein erleuchteter Augenblick
ist ein grenzenloses Wunder.
Ein reiner Augenblick der Leere
führt uns zurück
zur Wurzel des Selbst.

剎那的善心可得無盡的福報，
剎那的淨心可得無量的功德，
剎那的悟心可得無限的妙覺，
剎那的空心可得無相的本體。

Ein nützliches Wort ist wertvoller
als unzählige unnütze Worte.
Eine nützliche Tat ist wertvoller
als alle unnütze Mühsal.

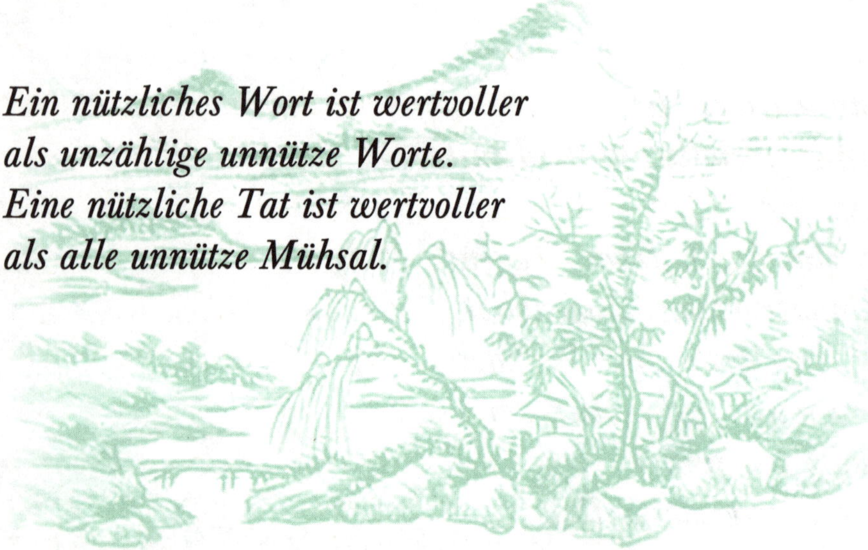

有用的話一句，勝於無益的千言萬語；
有益的事一件，勝於無用的千辛萬苦。

Ein freundliches Wort ist
wie Blumenduft
im Paradies.
Ein grobes Wort ist
wie ein Schwert
in der Hölle.

一句善心美言，即是天堂的花香；

一聲瞋恨惡語，即成地獄的刀劍。

Die Bequemlichkeit ist der Köder,
der den Ehrgeiz vergiftet.
Das Leid ist der Schmied,
der Heilige und Weise formt.

安樂是鴆殺志氣的毒餌，患難是陶鑄聖賢的洪爐。

Wer schnell lernt,
ist nicht zwangsläufig klug.
Wer langsam lernt,
ist nicht zwangsläufig dumm.

舉一知十，未必是聰明之輩；
舉十知一，未必是愚蠢之人。

Wer unkonventionell ist,
ist nicht zwangsläufig etwas Besonderes.
Wer sanft ist,
ist nicht zwangsläufig ohne Ehrgeiz.

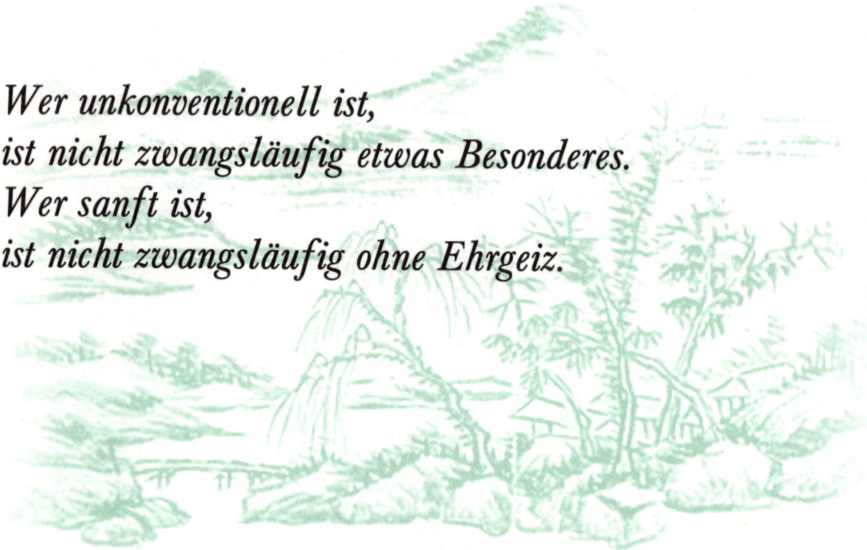

詭言標異，未必有卓越之處；

言行平淡，未必非睿智之士。

Wie eine Pyramide
sollte das Lernen
weit und hoch sein.
Wie Heilige und Weise
sollten wir im Umgang mit Menschen
Güte, Weisheit und Charakter beweisen.

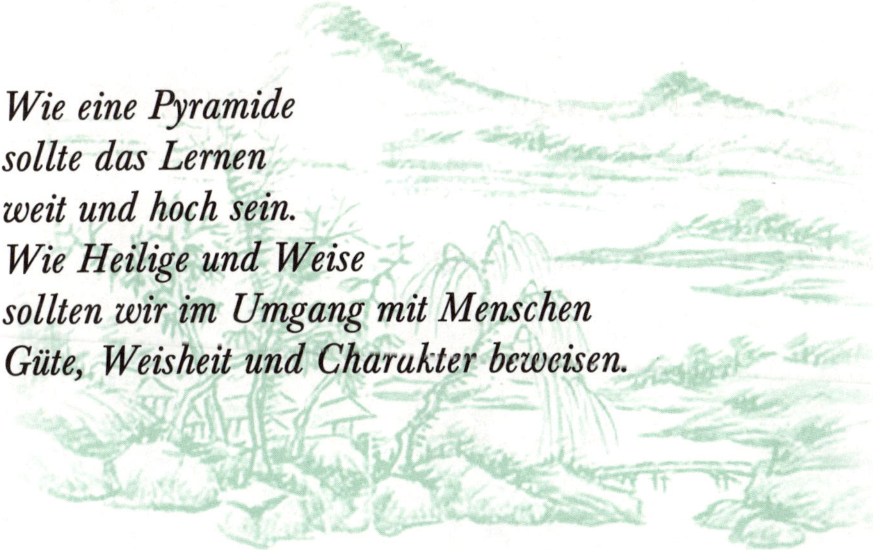

為學要如金字塔，要能廣博要能高；
為人要如聖賢德，要有福慧有根基。

Ein bißchen Ehrlichkeit –
und alles fügt sich.
Viel Dankbarkeit –
und die Welt ist voller Freude.

一念誠心，諸緣感應；十分懷恩，人天歡喜。

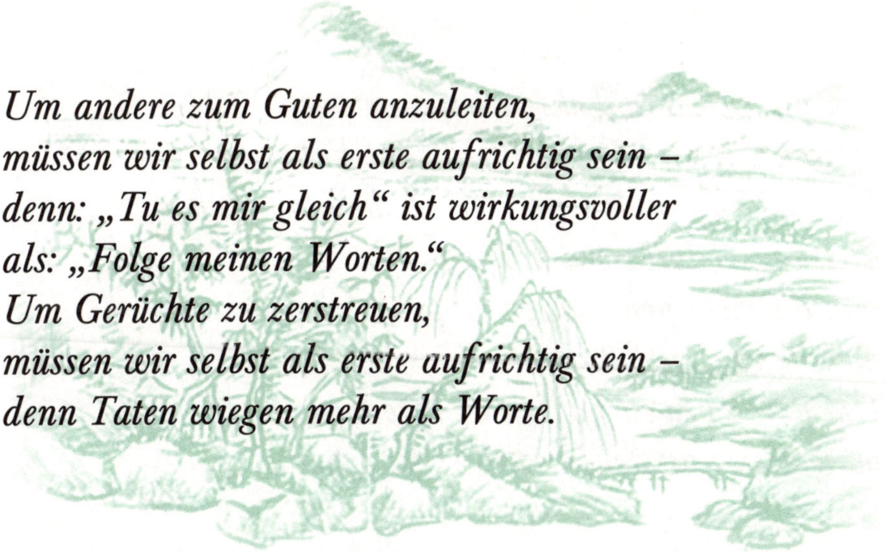

Um andere zum Guten anzuleiten,
müssen wir selbst als erste aufrichtig sein –
denn: „Tu es mir gleich“ ist wirkungsvoller
als: „Folge meinen Worten.“
Um Gerüchte zu zerstreuen,
müssen wir selbst als erste aufrichtig sein –
denn Taten wiegen mehr als Worte.

要勸化別人，首須端正自己，此乃「身教勝於言教」；
要辯解讒毀，先要健全自己，所謂「事實勝於雄辯」。

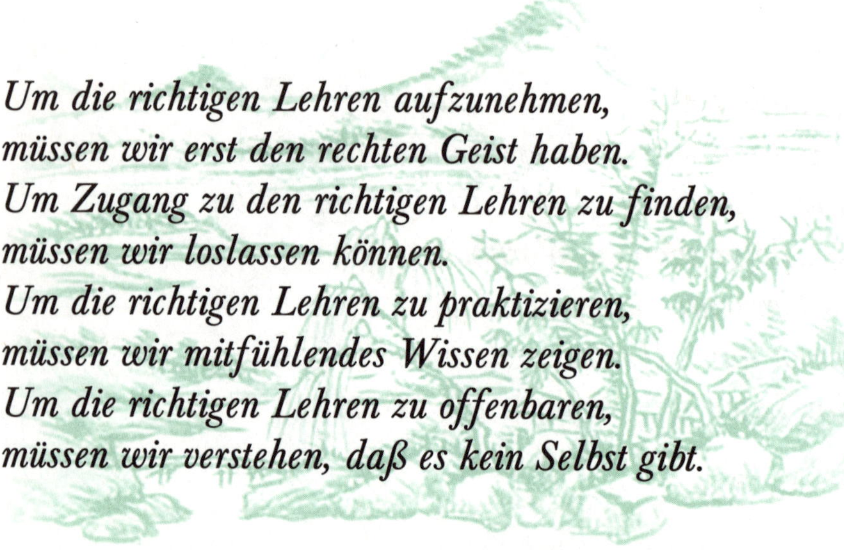

Um die richtigen Lehren aufzunehmen,
müssen wir erst den rechten Geist haben.
Um Zugang zu den richtigen Lehren zu finden,
müssen wir loslassen können.
Um die richtigen Lehren zu praktizieren,
müssen wir mitfühlendes Wissen zeigen.
Um die richtigen Lehren zu offenbaren,
müssen wir verstehen, daß es kein Selbst gibt.

欲求正道，須先正心；欲入正道，須能放下；
欲行正道，須運悲智；欲證正道，須悟無我。

Wo Dharma ist, ist auch Buddha.
Wenn wir an den Dharma glauben,
glauben wir an Buddha.
Wo der Sangha ist, ist auch der Dharma.
Wenn wir an den Sangha glauben,
glauben wir an den Dharma.

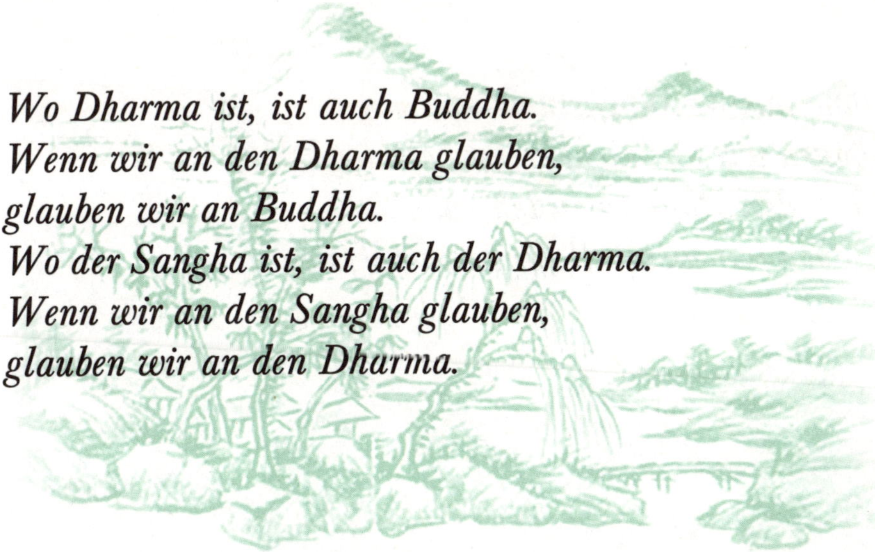

法在則佛在，信法就是信佛；
僧住則法住，信僧就是信法。

Ohne inneres Wachstum
können wir uns nicht selbst befreien.
Ohne den Dharma zu lehren,
können wir nicht alle anderen befreien.

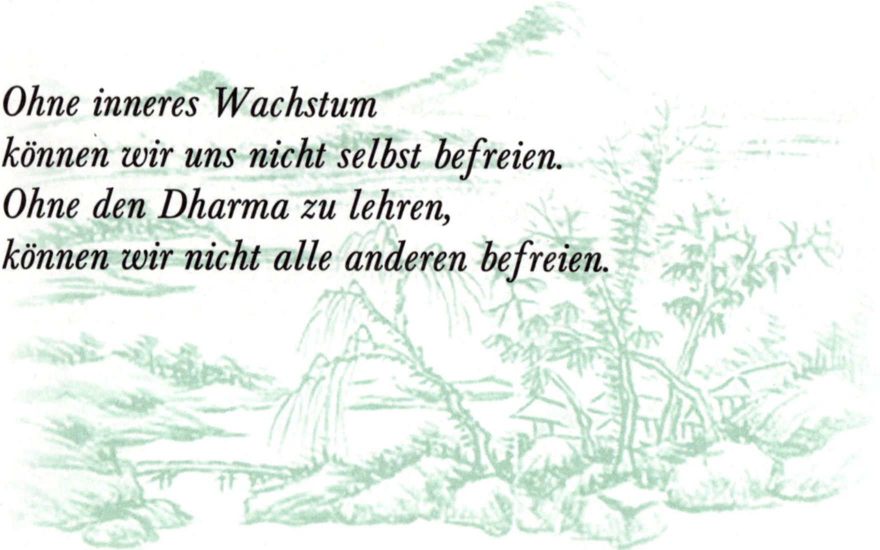

不修行，無以度自己；不說法，無以度眾生。

Laß Buddha Ruhm zuteil werden.
Laß allen Lebewesen Anerkennung zuteil werden.
Laß allen Klöstern Gutes zuteil werden.
Laß allen Gläubigen Ehrungen zuteil werden.

光榮歸於佛陀，成就歸於大眾，
利益歸於常住，功德歸於信徒。

Ruhm und Reichtum sind vergänglich;
nur Leistung und Charakter bergen dauerhafte Freude.
Die Welt gleicht einem brennenden Haus;
nur ein ruhiger Körper und ein ruhiger Geist führen
ins Reine Land.

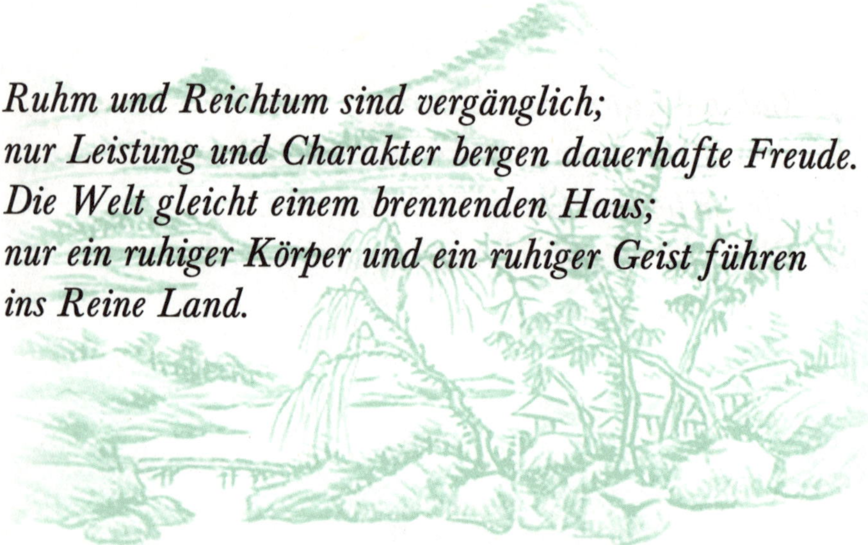

功名富貴轉眼空，唯立功、立德才是真受用；
世間三界皆火宅，唯安身、安心才是好淨土。

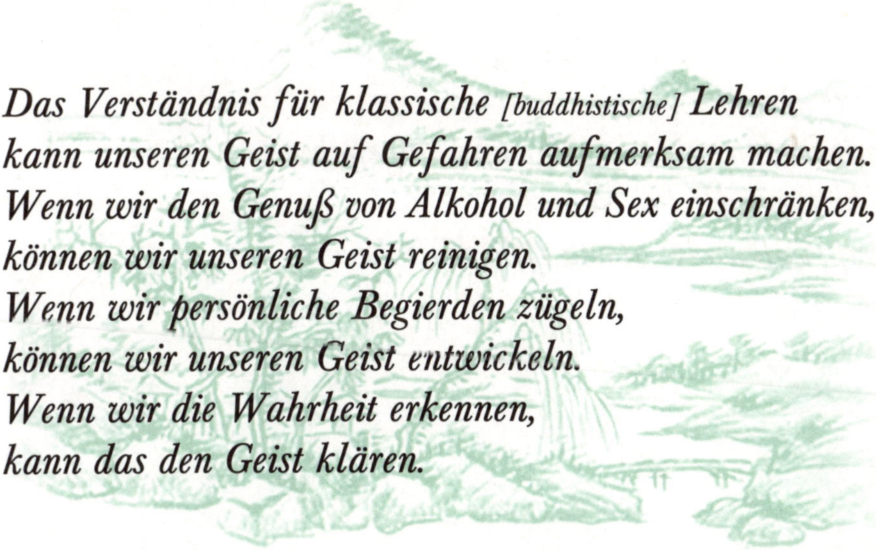

Das Verständnis für klassische [buddhistische] Lehren
kann unseren Geist auf Gefahren aufmerksam machen.
Wenn wir den Genuß von Alkohol und Sex einschränken,
können wir unseren Geist reinigen.
Wenn wir persönliche Begierden zügeln,
können wir unseren Geist entwickeln.
Wenn wir die Wahrheit erkennen,
kann das den Geist klären.

明古訓可以懲心，寡酒色可以清心，
祛私欲可以養心，悟至理可以明心。

Eine Brise
empfinden wir als kühl und angenehm.
Ein freundliches Wort
empfinden wir als sanft und liebevoll.

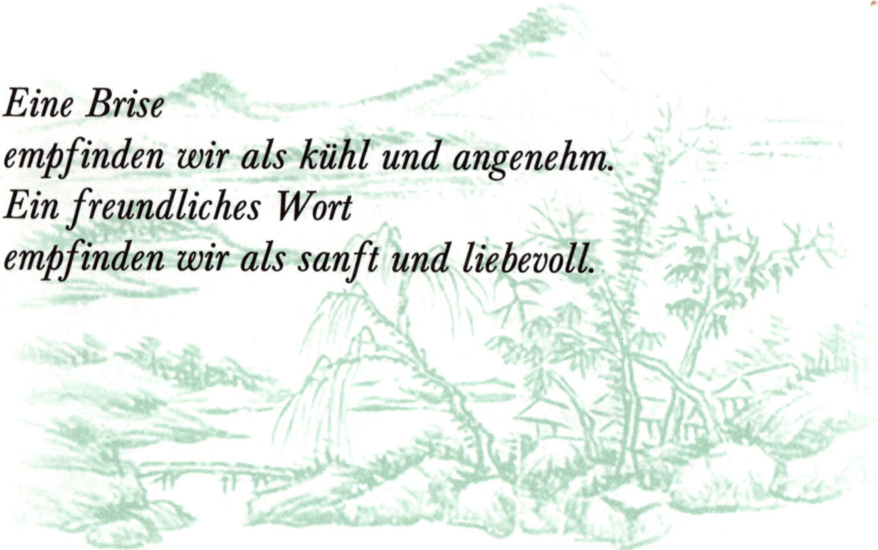

微風吹人只覺清爽可愛，愛語告人何等溫柔可親。

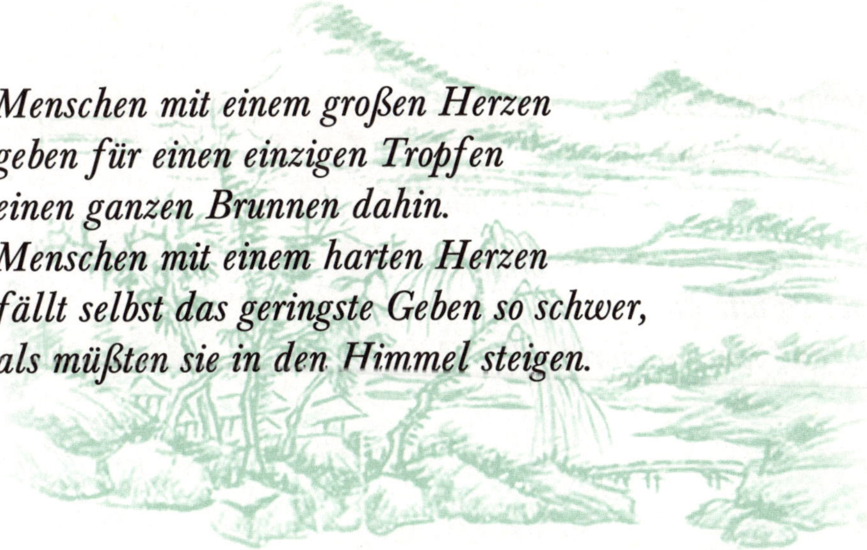

Menschen mit einem großen Herzen
geben für einen einzigen Tropfen
einen ganzen Brunnen dahin.
Menschen mit einem harten Herzen
fällt selbst das geringste Geben so schwer,
als müßten sie in den Himmel steigen.

心地富有者，滴水之恩湧泉以報；
心地貧窮者，一物之施難如登天。

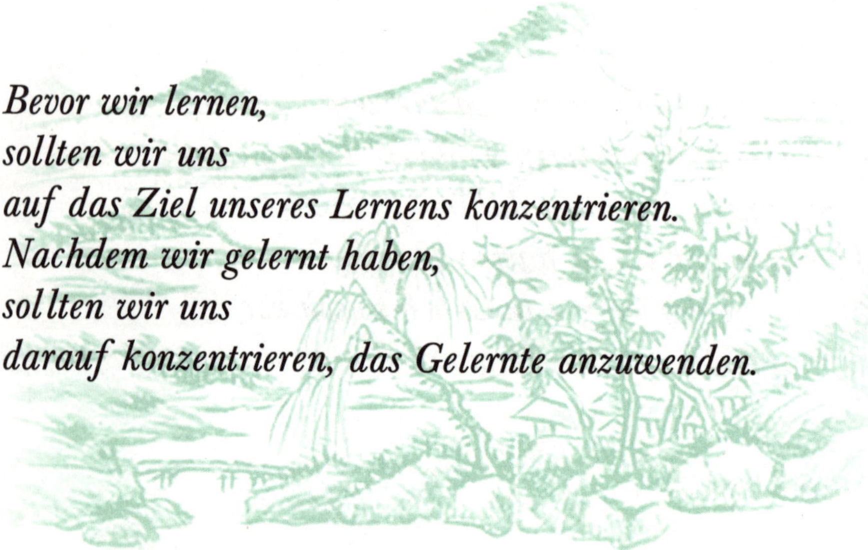

Bevor wir lernen,
sollten wir uns
auf das Ziel unseres Lernens konzentrieren.
Nachdem wir gelernt haben,
sollten wir uns
darauf konzentrieren, das Gelernte anzuwenden.

未知時，宜一心一意求其所欲知；
既知後，當一心一意行其所已知。

Unsere Sprache sollte flüssig sein,
wichtiger ist jedoch, daß sie anständig ist.
Unsere Kleidung sollte schlicht sein,
wichtiger ist jedoch, daß sie passend ist.

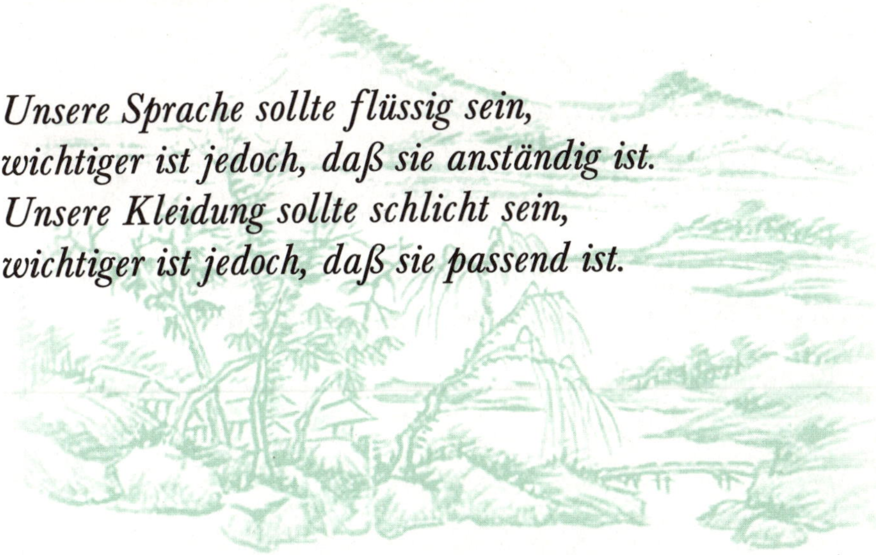

語言重流利，更重得體；衣著重樸素，更重合宜。

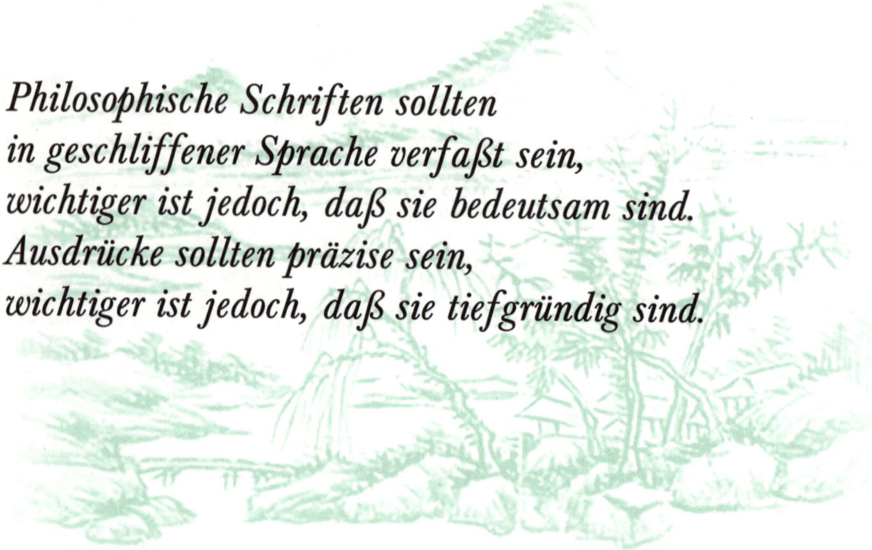

Philosophische Schriften sollten
in geschliffener Sprache verfaßt sein,
wichtiger ist jedoch, daß sie bedeutsam sind.
Ausdrücke sollten präzise sein,
wichtiger ist jedoch, daß sie tiefgründig sind.

文章重通暢，更重內涵；表達重明確，更重真誠。

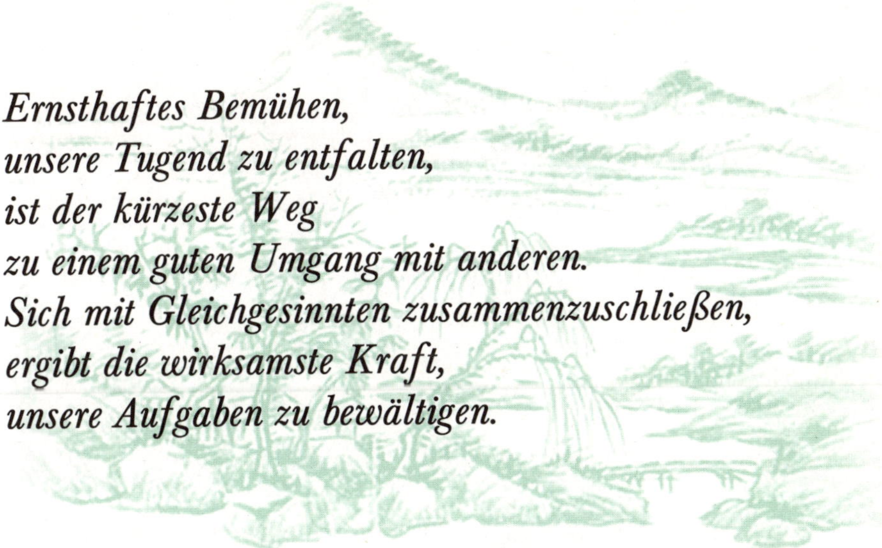

Ernsthaftes Bemühen,
unsere Tugend zu entfalten,
ist der kürzeste Weg
zu einem guten Umgang mit anderen.
Sich mit Gleichgesinnten zusammenzuschließen,
ergibt die wirksamste Kraft,
unsere Aufgaben zu bewältigen.

精進是做人的捷徑，結緣是辦事的資糧。

Es ist besser, die Gebote unvollkommen zu befolgen,
als die Lehren mißzuverstehen
und dadurch das Vertrauen in sie zu verlieren.

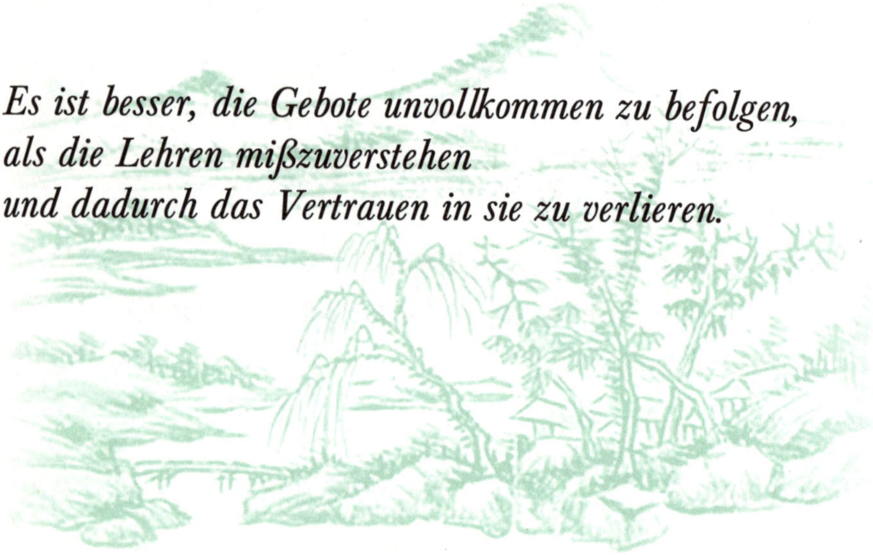

寧可持戒不圓滿，不可破見失道心。

Wenn wir nutzlose Worte sprechen,
um nützliche Zeit zu füllen,
verärgern wir die Leute nicht nur,
sondern versuchen auch ihre Tugend.

以無益的話語去佔有用的時間，
不僅使人討厭，簡直是無德之行。

Wenn wir nützliche Zeit
mit unnützen Taten verbringen,
hilft uns das nicht nur nichts,
sondern wir vergeuden auch unser Leben.

以有用的時間去做無用的事情，
不但無補時益，簡直是糟蹋人生。

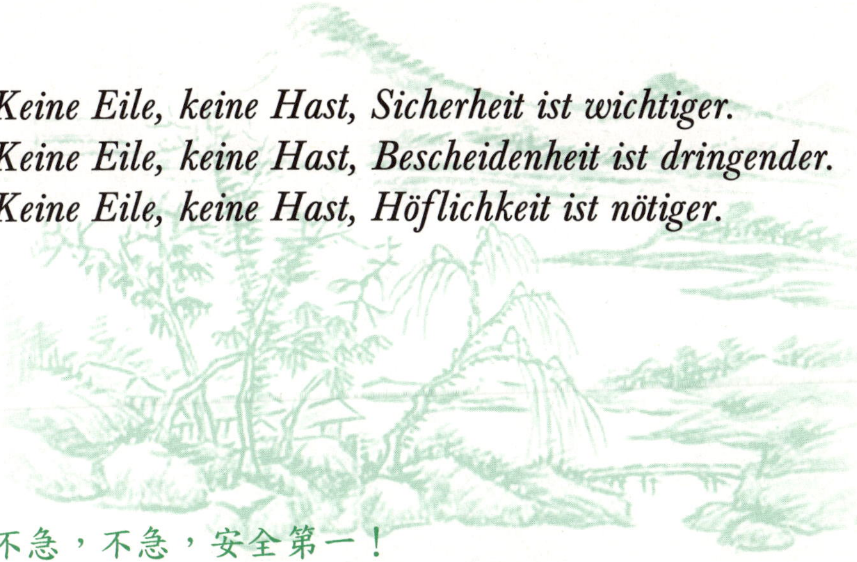

Keine Eile, keine Hast, Sicherheit ist wichtiger.
Keine Eile, keine Hast, Bescheidenheit ist dringender.
Keine Eile, keine Hast, Höflichkeit ist nötiger.

不急，不急，安全第一！
不急，不急，謙讓第一！
不急，不急，禮貌第一！

Nachgiebigkeit
ist die Wurzel allen Übels.
Fleiß
ist der Schlüssel zu guten Taten.

放逸是眾惡之本，懈怠是善行之障。

Setze dem bösen Gedanken einen guten entgegen.
Setze dem absurden Gedanken einen rechten entgegen.
Setze dem rechten Gedanken einen leeren entgegen.

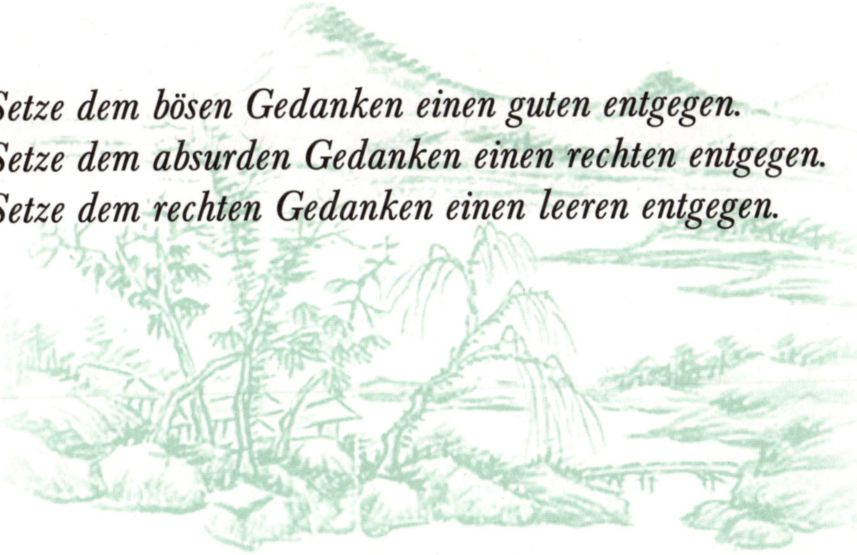

以有念對治邪念，以正念對治妄念，以無念對治正念。

Setze nicht zu wenig Wissen ein,
wenn du viel Ehre erlangen willst.
Setze dich voll und ganz ein
und erfülle deine Pflicht.

勿以少分的學德，博取多分的榮譽；
應以十分的才幹，擔負八分的任務。

Bereite dich gut vor,
wenn du lehren willst.
Öffne dein ganzes Herz,
wenn du einen Gefallen gewährst,
sei er auch noch so klein.

要用萬分的準備，教授全分的課程；
雖受一分的恩惠，也報百分的心意。

Ob die Lehren fruchten,
hängt von uns ab.
Ob die Lehren Anwendung finden,
hängt von der Zeit ab.
Ob die Lehren vervollkommnet werden,
hängt vom Menschen ab.
Ob sich Lehren bewahrheiten,
hängt vom inneren Wachstum ab.

道之成在我，道之行在時，道之美在人，道之證在修。

Verachtung – ertrage sie,
Feindseligkeit – erdulde sie,
dann werden die Schwierigkeiten weichen.

受得起別人的冷落，
禁得起外境的磨難，
困難就會向你低頭。

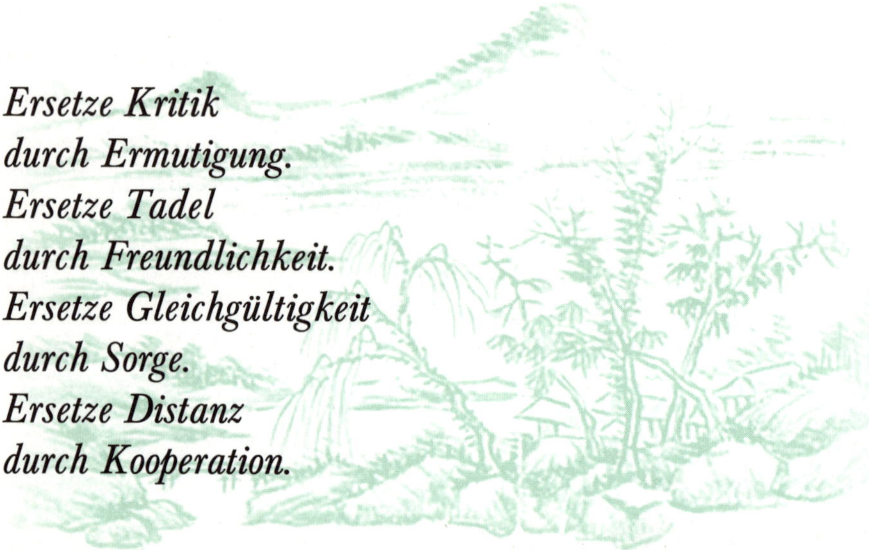

Ersetze Kritik
durch Ermutigung.
Ersetze Tadel
durch Freundlichkeit.
Ersetze Gleichgültigkeit
durch Sorge.
Ersetze Distanz
durch Kooperation.

以鼓勵代替責備，以慈愛代替呵罵，
以關懷代替放縱，以同事代替隔閡。

Kleines Glossar

Ch'an Im Deutschen bekannter in der japanischen Version des Wortes: Zen; Zen-Buddhismus ist eine der wichtigsten buddhistischen Schulen, gemäß der ein Praktizierender die Erleuchtung durch Meditation sucht, die hauptsächlich durch mit Achtsamkeit ausgeführte immer gleiche Rituale geübt wird

Dharma buddhistische Lehre

Gebote Die fünf Gebote des Buddhismus: • Nicht Töten • Nicht Stehlen • Nicht Lügen • Vermeidung von sexuellem Fehlverhalten • Vermeidung von Drogen oder Alkohol

Karma	das universelle Gesetz von Ursache und Wirkung über den Tod hinaus
Lehre, Lehren	Damit ist immer der → Dharma gemeint.
Nirvana	Die Vernichtung aller Ursachen (→ Karma), die zur Wiedergeburt führen; ein Zustand ohne Leid, die endgültige Wirklichkeit
Reines Land	Begriff für ein Leben, in dem Mitgefühl und Spiritualität im Zentrum der Aufmerksamkeit stehen und Ziel jeder Entwicklung bilden
Sangha	Gemeinschaft praktizierender Buddhisten
Sutra	Lehrbücher, die den Inhalt der → Vedas in kurzen Regeln zusammenfassen
Vedas/Veden	(Einzahl: Veda) Heilige Schriften des Buddhismus und Hinduismus, entstanden zw. 2000 und 1500 v. Chr.

Meine Gedanken

Nun folgen einige Seiten, auf denen Sie notieren können, welche Gedanken Ihnen beim Lesen der Weisheiten zu Ihnen selbst und Ihrem Leben durch den Kopf gingen und welche Ideen Sie hatten, wie Sie das Dharma, die Lehre Buddhas, in Ihrem Alltag einbinden und umsetzen können.

Am Ende des Buches finden Sie Adressen der Fo Guang Shan Tempel in Deutschland, in denen die Schule Meister Hsing Yuns bei uns Fuß gefaßt hat.

Meine Gedanken

Meine Gedanken

Meine Gedanken

Meine Gedanken

Meine Gedanken

Meine Gedanken

Meine Gedanken

Meine Gedanken

Meine Gedanken

Meine Gedanken

Meine Gedanken

Tempel des Fo Guang Shan e.V. in Deutschland:

Fo Guang Shan Tempel, Berlin e.V.
Ackerstraße 85–86, 13355 Berlin
Tel. 030 - 4 13 76 21
Fax 030 - 4 13 87 23

Fo Guang Shan Tempel, München
Frankfurter Ring 34, 80807 München
Tel. 089 - 35 47 38 57
Fax 089 - 35 47 38 60

Weitere Bücher im Schirner Verlag

lesen, fliegen, landen

Meister Hsing Yun
Buddhas kleines Stundenbuch
128 S., 2-farbig
Paperback, 150 x 115 mm
ISBN 3-89767-115-8
Perlen der buddhistischen Lehre aufgereiht zu einer Kette von Weisheiten, von denen jede als Wahlspruch für den Umgang mit unseren Mitmenschen dienen kann

Meister Hsing Yun
Von der Unwissenheit zur Erleuchtung
Buddhistische Betrachtungen zum Alltag

Band I
208 S., Paperback
ISBN 3-89767-150-6

Band II
192 S., Paperback
ISBN 3-89767-167-0

Band III
ca. 200 S., Paperback
ISBN 3-89767-180-8

Inspirierende Kurztexte mit Betrachtungen eines buddhistischen Meisters zu Alltagsthemen wie Partnerschaft, Beruf, Lebensstil u.v.a.m.

Meister Hsing Yun
Wahrhaftig Leben
Buddhistische Ethik im Alltag

250 S., *Hardcover*	224 S., *Paperback*
ISBN 3-930944-98-7	ISBN 3-89767-161-4

Eine in Themen gegliederte Einführung in die buddhistische Lebensweise in eingängiger Sprache und mit Beispielen aus dem Alltag

Meister Hsing Yun
Buddha – der Lotus im Fluß
Eine Einführung in die Grundlagen des Buddhismus
256 S., Paperback
ISBN 3-89767-149-4

In diesem Buch eröffnet Meister Hsing Yun dem Leser einen detaillierten, wohlgeordneten Einblick in die Grundlagen des Mahayana-Buddhismus. Beginnend bei Begriffen wie den Vier Edlen Wahrheiten entfaltet sich das breite Spektrum der buddhistischen Lehre bis hin zu komplexen Weisheiten wie der Leerheit der Erscheinungen.

CD-Programm Themenkreis MEDITATION

Heike Owusu
Chakras:
Die Musik
Musik zur Aktivierung der Energiezentren
Spielzeit: 47:39 Min.
ISBN 3-89767-023-2

Heike Owusu
Hatha Yoga
Die wichtigsten Grundpositionen
Spielzeit: 66:32 Min.
ISBN 3-930944-74-X

Heike Owusu
Chakras:
Die Übungen
Übungen mit Musik zur Aktivierung der Energiezentren
Spielzeit: 47:28 Min.
ISBN 3-89767-022-4

Antar Sangeet
Klangschalen-Meditation
Vier Klangbilder mit Klangschalen
Spielzeit: 61:08 Min.
ISBN 3-89767-093-3